中职会计教育改革与发展探索

罗德兴 ◎著

中国商务出版社

CHINA COMMERCE AND TRADE PRESS

图书在版编目（CIP）数据

中职会计教育改革与发展探索 / 罗德兴著. -- 北京：中国商务出版社，2022.8
ISBN 978-7-5103-4346-9

Ⅰ．①中… Ⅱ．①罗… Ⅲ．①会计学－教学改革－研究－中等专业学校 Ⅳ．①F230

中国版本图书馆CIP数据核字(2022)第136091号

中职会计教育改革与发展探索
ZHONGZHI KUAIJI JIAOYU GAIGE YU FAZHAN TANSUO

罗德兴　著

出　　版：中国商务出版社	
地　　址：北京市东城区安外东后巷28号	邮　编：100710
责任部门：教育事业部（010-64283818）	
责任编辑：刘姝辰	
直销客服：010-64283818	
总 发 行：中国商务出版社发行部　（010-64208388　64515150　）	
网购零售：中国商务出版社淘宝店　（010-64286917）	
网　　址：http://www.cctpress.com	
网　　店：https://shop162373850.taobao.com	
邮　　箱：347675974@qq.com	
印　　刷：三河市金兆印刷装订有限公司	
开　　本：787毫米×1092毫米　1/16	
印　　张：10.25	字　数：210千字
版　　次：2023年7月第1版	印　次：2024年7月第2次印刷
书　　号：ISBN 978-7-5103-4346-9	
定　　价：56.00元	

凡所购本版图书如有印装质量问题，请与本社印制部联系（电话：010-64248236）

前　言

我国中职会计教育面向基层、面向生产、面向服务第一线，培养了大量具有专业理论知识、熟练操作技能和良好教育素质的会计人员，中职会计教育在为社会输送基础性人才的过程中得到了快速发展。但随着社会发展，中职会计教育越来越处于劣势，中职会计毕业生由于年龄、知识、经验等多方面因素的影响，就业形势非常严峻，加之中职会计教育体制改革还未能很好地适应新形势、新变化，在这种"进"与"出"两头压力的双重挤压下，中职会计教育普遍面临较大的压力，作为教育者要尽快适应客观形势的变化，尽可能转变自己的原有观念，培养出素质过硬的学生。

本书主要研究的是中职会计教育改革与发展。首先从会计的定义、职能、作用、目标、特点入手，介绍了中职会计交互认知复合型学习模式的应用策略、中职会计教学与学生创新能力培养的关系、中职会计竞赛式课堂教学以及中职会计授权式教学模式的探新；其次详细分析了现代信息技术对会计教学的影响、会计信息化人才教育发展现状、会计电算化课程的教学目标，特别是大数据时代下的会计人才培养，同时会计教学要想发展，需要了解目前中职会计教学的环境、当前会计教学中存在的问题以及会计改革的任务与理论；再次，本书深入剖析了微课在会计课堂教学中的基本应用、微课教学实施的基本流程、微课在会计教学改革中的实践设计，并阐述慕课的起源与特征、慕课在财务会计教学中的应用、财务会计实验教学的慕课改革方案设计等，重点研究了实践教学能力的内在机理与会计实践教学的主要形式、改进方法、策略、策略实施的保障等；最后阐释了会计课堂活动的教学实施策略，并对会计教学形式、资源、方法的改革加以解读。中职会计人才培养对减轻企业的会计压力、实现中职会计的现代化具有很大的帮助，中职会计教育的未来发展应当受到更多的社会关注。

在本书的策划和编写过程中参考和借鉴了众多前辈的研究成果，在此表示衷心的感谢。因时间紧迫以及笔者水平有限，对一些相关问题的研究不透彻，书中有疏漏是无法避免的，恳请各位专家、同行和广大读者多加批评和指正，以便我们进行修订和完善。

目　录

第一章 会计的基本概述

第一节 会计的定义

一、会计的产生

会计是社会生产发展到一定阶段的产物。它随着社会生产的发展而产生，并适应经济管理的客观需要而不断发展、完善。

人类要生存，社会要发展，就需要消耗一定的物质资料，就必须进行生产。人类的生产活动一方面创造出社会生存和发展所需的物质资料，另一方面又要发生劳动时间和生产资料的耗费。人们在生产活动中，为了合理地安排劳动时间，减少生产资料的消耗，生产出尽可能多的物质资料，必然要对劳动时间、生产资料的耗费和所取得的劳动成果——物质资料进行观察、计量、记录和比较，以便取得必要的数据及其变化的资料，借以了解和控制生产活动，力求以较少的生产耗费获得较多的生产成果，满足人们和社会日益增长的需要。

会计在我国源远流长。在原始社会，由于生产过程十分简单，生产力水平很低，又没有文字，人们只能靠记忆或者用诸如"结绳记事"之类很简单的方法记录生产过程中的劳动耗费和取得的劳动成果。这个时期所谓的会计只是"生产职能的附带部分"，在"生产时间之外附带地把收入、支付日等记载下来"。原始社会末期，当社会生产力发展到一定水平，出现了剩余产品，社会再生产活动日益复杂，人们单凭头脑记忆或用很简单的方法来记录生产过程中的各项耗费和所得，已不能适应社会需要。为了对生产过程中生产资料、劳动时间的消耗和劳动成果的数量进行记录和计算，会计逐渐地从生产职能中分离出来，独立成为具有特定职能的专职会计，于是就产生了最早的会计。

专职会计的产生，是生产发展的必然要求。生产的存在和发展是专职会计产生的先决条件。会计的发展也必然以生产的发展为转移，生产越发展，越具有社会规模，会计就越重要。

随着社会生产的日益发展和生产规模的日益扩大，生产、分配、交换、消费活动变得日益频繁、日益复杂，会计经历了一个由简单到复杂、由低级到高级、由不完善到完善的发展过程，主要表现为：由单式记账发展到复式记账；由简单地记录、计算和考核钱物收支发展到以货币为主要量度，对经济活动全过程进行事前、事中和事后的核算和监督；会计资料的处理由手工操作逐步过渡到机器和电脑操作。

二、会计发展的历程

（一）会计是适应人类社会经济活动管理的需要而产生的

在人类社会发展的历史进程中，会计作为管理经济的一种重要手段已经有千百年的历史。人们对会计的认识是随着社会生产的发展和经济管理要求的提高而不断发展和完善的。纵观人类社会生产发展的历程，每一阶段的社会生产都是投（入）与产（出）、耗费与收回的矛盾与统一过程，是人类社会得以发展的必然前担。因此，对经济活动中的产出与耗费、投入与产出的计量、记录、计算、对比、分析就成了一种必然的需求。这种需求也是会计产生的自然基础。

（二）会计随着社会生产的发展和经济管理要求的提高而不断发展和完善

1. 形成期

追溯历史，在公元前 1000 年前后就已经有了会计的萌芽，但当时它只是作为生产职能的附带部分，由生产者在生产之余自己做的一些简单计量与记录行为，表现为"结绳记事""刻契记数"等原始记录形式，用以计算劳动的成果，为劳动成果的分配服务。随着生产的不断发展、生产力的提高，剩余产品的大量出现和文字、数字的产生，社会分工和私有制的出现，特别是商品生产和商品交换的产生，为这种原始记录形式的改变提供了推动力和条件，对由商品生产而带来的生产、消费、交换、分配过程的计量、记录、计算过程就不再是生产者本身能够完成的事情，它需要一个专职的人员来完成，这就使会计从萌芽期向雏形期发展，从生产职能中分离出来，成为一个专门的职能，并逐步形成了从事会计工作的专职人员。

我国在西周时，周王朝已设立了专门的会计官吏——"司会"（掌握会计事务，"凡上之用，必考于司会"。司会还负责朝政经济收入的会计核算和出纳事务，并建立有钱粮赋税"日成""月要""岁会"的报告文书，这种文书初步具有日报、月报、年报的会计报表的作用，目的是掌控奴隶王朝的收支情况）。到西汉时期，官府和民间都有了会计账簿，中式簿记开始从单一的流水账发展成为"草流"（也称底账）、"细流"和"总清"三账，会计的核算方法发展为"三柱结算法"。即：根据本期收入、支出、结余三者之间的关系"入－出＝余"来结算本期财产物资增减变化及其结果。唐宋时期，"四柱结算法"

的出现，奠定了中式簿记的基本原理。"四柱"是指"旧管"（即上期结存）、"新收"（即本期收入）、"开除"（即本期支出）和"实在"（即本期结余）。按"四柱"编制的反映本期结存的一种表册称为"四柱清册"。"四柱"之间的关系为"旧管＋新收－开除＝实在"。"四柱清册"的出现使我国当时的会计技术得到进一步发展。明末清初，山西豪商傅青山参考当时的官厅会计，设计出一种比较复杂的、存在内部钩稽关系的"龙门账"。它把全部账户划分为四大类，即"进"（收入类）、"缴"（支出类）、"存"（资产及债权类）、"该"（负债及业主投资）。这四大类账户的关系为：进－缴＝存－该。每年年度决算时，也运用上述关系验算等式两边差额是否相等，并借以确定当年盈亏。"龙门账"的出现，使会计方法由单式记账向复式记账发展迈进了一大步。这是我国在世界会计史上曾经的辉煌。

2. 发展期

15 世纪航海技术的发展使人类重新认识了地球，从此掀开了人类文明的序幕。日益发展的商业和金融业要求不断改进和提高复式记账方法。数学家卢卡·巴其阿勒出版的算术、几何、比与比例概要系统地介绍了复式记账法，并给予了理论上的阐述，至此开始了近代会计的历史。

15 世纪到 18 世纪，会计的理论与方法的发展是比较缓慢的。直至 18 世纪末到 19 世纪初，蒸汽技术的发明不仅带来了生产力的巨大发展，也带来了会计的较大发展。此时成本会计产生并得到不断完善，会计的理论与方法也得到了进一步的发展。

之后，财务会计与管理会计分离。管理会计的产生和发展是会计发展史上的一次重大变革，从此会计形成了财务会计和管理会计两大分支。会计信息需求的改变，使得企业会计从以对内提供会计信息为主逐渐转变为对外提供会计信息为主，导致了管理会计和财务会计相分离，丰富了会计学科内容，增强了会计功能。

3. 成熟期

由于科学技术水平的不断发展使现代数学、现代管理科学与会计相互结合，特别是电子计算机技术引进会计领域，会计的记账手段有了根本性的变化，会计的方法更加完善；同时，随着管理会计和财务会计相互分离，会计目标和会计理论更加丰富，管理会计以对内提供会计信息为主，财务会计以对外提供会计信息为主；财务会计和管理会计两大理论体系已经形成。

随着知识经济时代的到来，会计的视野更开阔了，相继出现了关注宏观经济的社会会计；为跨国公司经营服务的国际会计；为消除通货膨胀因素影响而产生的通货膨胀会计；关注人力资源价值及成果的人力资源会计；关注人力生存环境因素的环境会计等一些新的会计领域。

随着世界经济一体化进程的加快，会计规范的国际化要求得到进一步提高，国际趋同的会计准则体系日渐形成，会计作为国际通用的"商业语言"已然成为现实。总之，会计随着社会生产的发展和经济管理要求的提高在不断地发展和完善。

三、会计的含义

尽管会计源远流长，但是到底什么是会计，如何给会计下一个确切的定义，国内外会计界对此历来存在着不同的认识，至今尚未统一。其意见分歧主要在于对会计本质存在不同的看法，从而导致对会计做出不同的定义。纵观我国会计界对会计本质的不同认识，主要有以下三种观点：

（一）核算工具论

"核算工具论"认为会计是经济管理或经济核算的工具，一种反映的工具。强调的是会计在经济活动中的核算作用。这种观点相当长时期内在我国会计界占主导地位。它把会计看成一个方法体系，强调了会计的服务性，主要在微观经济领域中应用。这种观点认为会计的职能就是被动地反映，忽视或不承认会计的监督、预测、控制、分析等其他职能。

（二）信息系统论

"信息系统论"认为会计是一个收集、处理和输送经济信息的信息系统。会计是一个信息系统，它首先向利害攸关的各方面传输一家企业或其他个体的富有意义的经济信息。会计是旨在提高经济效益，加强经营管理，在每个企业、事业、机关等单位范围内建立的一个以提供财务信息为主的信息系统。这个系统主要用于处理各单位经济活动所产生的可以用货币量度的数据或资料，而后把它加工成有助于经营决策的财务信息和其他信息。

（三）管理活动论

"管理活动论"认为会计是经济管理的重要组成部分，是一种以价值形式进行的管理活动。在微观经济中，会计管理是企业管理的重要组成部分；在宏观经济中，会计管理是国民经济管理的重要组成部分。会计管理的基本目标是为国家宏观管理和调控提供信息；为企业投资者、债权人提供决策有用的信息；为企业内部提供经营管理所需要的信息。这些信息是会计工作依照一定的程序和方法，通过收集、整理、分类、汇总等加工处理而得到的。财务会计报告是传输信息的主要手段。会计从取得原始数据到最终提供报告是一个完整的系统。从这个角度上说，会计是一个经济管理的信息系统。因此，我们也可以把会计理解为既是一种管理活动，也是一个经济管理的信息系统。

　　会计是以货币为主要计量单位，采用一整套专门的方法，通过收集、处理和利用经济信息，对会计主体的经济活动进行连续、系统、全面、综合的核算和监督，并通过参与决策、分析评价业绩、预测经济前景等活动，谋求提高经济效益的一种管理活动。简单地说，会计就是对可用货币表示的经济活动进行核算和监督的管理活动。

　　上述会计的定义包括了会计的三个方面的内容，即会计核算、会计监督和会计分析。会计核算是会计的基础环节，主要是通过一系列专门的核算方法，对经济业务进行完整的、连续的、系统的记录和计算，为经营管理提供所需的会计信息；会计监督则是按照管理的目的和要求，查明会计核算资料是否真实、合法、合理、有效，并对不正确的经济行为进行必要的干预；会计分析是根据会计核算所提供的数据和其他有关信息，运用各种专门的分析方法，总结经验，揭露矛盾，改进工作，预测未来。它是会计核算的继续和发展，是企业经济活动分析的组成部分。

　　会计核算、会计监督、会计分析三者之间既相互联系、相互补充，又有其相对的独立性，只有把这三部分有机地结合起来，才构成完整意义上的会计。

　　随着社会经济的发展和人们认识的不断深入，会计是一个经济信息系统的观点正在被更多的人所接受和认可。基于这种观点，我们对会计进行如下描述：会计是以货币为主要计量单位，运用一系列专门的方法，通过会计的确认、计量、记录、报告等程序，对一定主体的经济活动中的资金运动过程进行核算和监督的一个以提供财务信息为主的经济信息系统。

　　现代会计有如下几大特征：①会计的本质：是一种生产并传递会计信息的过程。②会计的目的：是向信息使用者提供决策有用的财务信息；③会计的计量：是以货币为主要计量单位；④会计的手段：是指确认、计量、记录和报告等一系列专门的方法和程序；⑤会计的职能：是核算和监督；⑥会计的内容（对象）：是一定会计主体（单位）经济活动中的资金运动。

　　我国现行《企业会计准则》对会计下的定义为：会计是以货币为主要的计量单位，以凭证为依据，借助专门的技术方法，对一定单位的资金运动进行全面、综合、连续、系统的反映与监督，向有关各方面提供会计信息、参与经营管理、旨在提高经济效益的一种经济管理活动。

第二节 会计的职能和作用

一、会计的职能

会计的职能是指会计在企业经营管理中具有的客观功能。正确认识会计的职能，对于正确提出会计工作应担负的任务，确定会计人员的职责和权限，充分发挥会计工作应有的作用，都有重要的意义。

马克思在《资本论》中曾把会计的职能高度概括为对社会再生产"过程的控制和观念总结"。随着经济社会的逐步开展，为了加强经济核算，提高经济效益，会计在经营管理中的地位和作用得到加强，人们对会计的职能有了进一步的认识，普遍把会计的职能表述为"核算和监督"。因为"核算"比"反映"具有更广泛的含义，不仅有记账、算账、报账的含义，而且有审核的含义；既包括事后核算，又包括事前、事中核算。

在社会主义市场经济条件下，每一个企业都是一个自主经营、自负盈亏、自我发展和自我约束的经济实体和市场竞争的主体。市场竞争的原则是优胜劣汰，每个企业只有遵照价值规律的要求，依据市场需要生产、出售产品，不断推陈创新，不断降低成本，增加利润，才能在激烈的市场竞争中生存和发展。在这种情况下，资金、成本、利润与企业的生死存亡密切相关。为了有效地筹集和使用资金，不断地降低成本、提高盈利水平，企业必然要对包括会计工作在内的各项经营管理工作提出更高的要求，以适应市场竞争的需要。现代会计除了核算和监督两项基本职能外，还应有预测、参与决策、控制、分析的职能。

学习和理解会计的基本职能与目标是进一步理解会计概念内涵的需要，会计的基本职能与目标是会计基本概念的深层次内容。

二、会计的基本职能

会计的基本职能是指会计本身所具有的功能，它是会计的客观内涵。马克思在《资本论》中曾经对簿记的作用有过一段精辟的论述："过程越是按社会的规模进行，越是失去纯粹个人的性质，作为对过程的控制和观念总结的簿记就越是必要。"这里的"过程"是指再生产过程，"过程的控制"和"观念总结"就是指"簿记"本身所具有的功能，即簿记的基本职能。其中，"过程的控制"通常被理解为监督；"观念总结"被理解为核算。也就是说，对再生产过程（资金及其运动过程）的核算和监督是会计的两个基本职能。

历史将"簿记"时代推向了现代会计时代，会计职能作用的范围扩大了，但基本职能没有变，即核算和监督仍是现代会计的两大基本职能。

（一）会计核算职能

会计核算职能又称反映职能，是指会计依照会计法规制度的要求，采用货币计量形式，通过确认、计量、记录、报告，从价值量上核算某一单位已经发生或完成的各项经济活动，为经济管理提供会计信息的功能。它是会计最基本的职能。会计核算职能的基本特点如下：

1. 从表现形式上

以货币为主要计量单位，对各单位的经济活动进行确认、计量、记录和报告，是会计核算的主要表现形式。

2. 从内容和时间上

会计核算职能主要是对各单位已经发生或已经完成的各项经济活动，通过运用一系列专门的方法使之转化为一系列有用的经济信息，从而掌握经济活动的全过程。会计核算职能主要是事后核算，这是会计的基本工作。而事中和事前的计划、控制等职能对经济管理也很重要，但不属于会计核算职能。

3. 从目的性上

提供连续、系统、全面、综合的会计信息是会计核算职能的目标。连续是指对各种经济业务应当按照其发生的时间顺序依次进行登记，而不能有所中断；系统是指会计提供的数据资料必须是在科学分类的基础上形成相互联系的有序整体，而不能杂乱无章；全面是指对所有会计核算内容都必须加以记录，不能遗漏；综合是指将日常大量的会计核算资料按照统一的指标体系，利用价值形式通过报送财务会计报告，综合地反映各单位的经济活动情况，以此来考核各单位的经济效益。

（二）会计监督职能

会计监督职能是指在会计核算的同时，通过对会计事项发生过程及结果是否符合法规制度、规定和计划等的审核，来对各单位的经济活动过程进行控制，使之达到预期目标的功能。会计监督职能的基本特点如下：

1. 监督的依据

国家制定的财经法规制度和财经纪律，企业的规章制度、计划、预算、定额等，这些都是会计行使监督职能的依据。

2. 监督的形式

会计监督与会计核算是同时进行的，它不独立于会计核算，属于会计工作的一部分，与审计监督有本质的区别。

3. 监督的目的

会计监督是要干预经济活动使之遵守国家的财经法规制度，以保证经济活动的合法性；同时，从本单位的经济利益出发，对经济活动的合理性、有效性进行事前、事中控制、分析和检查，以防止损失和浪费。

（三）会计两大基本职能的关系

会计两大基本职能是相辅相成、辩证统一的关系。会计核算是会计最基本的职能，而会计监督是会计核算职能的深化和发展。如果只有会计核算而不管算得是否合理、合法、有效，则所提供的会计信息就不能在经济管理中发挥应有的作用，会计核算也就失去了存在的意义。

三、会计拓展职能

从现代会计发展的趋势来看，会计的职能应总结为"核算"和"管理"两大职能比较合适。核算职能是指将会计信息向使用者进行充分的揭示和披露；管理职能是指会计参与到企业经营管理的各方面，包括预测、决策、控制、分析等。会计核算职能和管理职能是相互联系、不可分割的。核算职能是管理职能的基础，为管理职能的发挥提供服务；管理职能是会计的固有职能，是会计的首要职能。实践证明，企业经营管理水平越高，对会计与管理结合的要求也越高，会计管理职能也就发挥得越充分。

（一）预测的职能

预测的职能是依据会计已有的核算资料及其他经济资料，运用一定的技术方法，对企业会计对象的各个方面的未来发展趋势或状况进行估计和测算，为企业进行经营决策、制订计划服务，以提高企业在经营活动中的预见性与主动性。

（二）参与决策的职能

参与决策的职能是会计面向未来的一种管理活动。企业经营活动中的优点与不足，在会计核算资料上都可以得到反映。例如，一个企业成本费用水平高，利润水平必然低，甚至可能发生亏损，那么成本费用和利润（或亏损）就综合地说明企业经营管理水平的高低。在企业进行经营决策时，会计可充分发挥会计信息的反馈作用，帮助企业领导分析不同方案的利弊和得失，协助企业领导做出正确的经营决策，选择出最佳方案。也就是说，会计可参与企业的经营决策。

（三）控制的职能

控制的职能是指运用会计提供的信息对生产经营过程中的价值运动进行的一种管理活动。它主要是通过制度、预算（计划）、定额等手段，对经济活动进行事前、事中、事后的控制和调节，把生产经营活动纳入社会所要求和经营管理者所希望的轨道，以便达到实现生产经营的预期目的。

（四）分析的职能

分析的职能是指以会计资料为主要依据，结合计划、统计和其他经济资料，对企业的财务状况、经营过程及其结果或计划（预算）执行情况进行比较、分析、研究，以便总结经验、巩固成绩、揭露矛盾、查明原因、改进工作、提高经济效益的一种管理活动。分析的过程是在占有大量资料的基础上，去伪存真，由表及里，条分缕析，解剖得失，从感性认识上升到理性认识，再用以指导实践的过程。

总之，会计的职能是客观存在的，并随着社会生产的发展和经济管理水平的提高而不断地被人们所认识、为人们所利用。

四、会计的作用

会计的作用是指会计职能在会计工作中运用所产生的客观效果，或者说是指会计职能在实践中所产生的社会效果。会计的作用可以概括为以下四方面：

（一）保护企业财产的安全完整

企业的财产物资是进行生产经营活动的物质基础。会计工作对企业各项财产物资的购入、使用、消耗、报废等事项，通过适当的会计方法加以有效地控制和监督。企业管理人员通过会计记录，可以了解各项财产物资的利用是否充分、合理，保管是否妥善，有无侵吞、丢失、损坏等现象，从而对企业的财产起到保护作用。

（二）加强企业的经济核算

在社会主义市场经济条件下，企业经营的直接目的在于获得盈利。市场竞争迫使每个企业只有在生产经营中精打细算，努力降低各项消耗，提高产品质量，才能以自己的营业收入抵补营业支出，保证盈利，为国家，也为企业自己提供尽可能多的积累。会计能对企业经营活动进行经常的、连续的、全面的、系统的记录和计算，并加以比较、分析、检查，这对于企业改善生产经营管理，加强经济核算，提高经济效益，具有积极作用。

（三）报告投资权益

企业在生产经营过程中所发生的各项经济业务，如一切财物的收支、债权债务的发生、收益费用的增减等，都足以造成企业资产、负债和所有者权益的变化。对这些变化，如果没有正确的会计记录，就不能反映企业的经营状况。所以在每一会计年度终了时，企业会计要将所记录的经济业务及其所取得的经营成果对资产、负债和所有者权益的影响做出会计报告，以供投资者了解其所投入资金的运作情况。

（四）给信息使用者提供决策依据

每个企业都希望其生产经营不断发展，财源广进，为此，势必要有充裕的资金来满足不断扩大经营规模的需要。而企业可以在经营中运作的自有资金不外是所有者投资和历年盈余积累。若在扩大经营中，企业资金不够用，则须向银行借贷或向社会发行债券、股票。为此，事先必须提供企业的资产负债表和利润表，以便让社会各界了解企业的财务状况、偿债能力和盈利能力，进而决定是否投资或发放贷款。

第三节 会计目标

目标是从事某项活动预期要达到的境地或标准，反映了人们的主观意识，是主观之于客观的结果。会计作为管理活动的重要组成部分，必然会有预期的目标。会计目标也称财务会计报告目标，是指在一定的历史条件下，人们通过会计所意欲实现的目的或达到的最终成果。在会计学领域，会计目标是最基础的概念，它集中而现实地体现了会计活动的宗旨，决定和制约着会计管理活动的方向。但是，会计的这个基本问题在不同历史时期、不同的国家，人们有着不同的认识。目前会计目标已形成两种有代表性的学术观点，即受托责任观和决策有用观。

一、受托责任观

受托责任观认为，会计目标就是向资源所有者（股东）如实地反映资源的受托者（企业管理当局）对受托资源的管理和使用的情况，会计报告应主要反映企业历史的客观的信息，即强调会计信息的可靠性。在市场经济条件下，股份公司大量出现，企业的所有权与经营权分离，受托责任几乎无所不在的现实是其确立的基础。作为委托人的所有者十分关注资本的保值与增值，而通过财务会计报告上所反映的资源的管理和使用情况，可达到此目的。它所强调的是会计人员与资源委托者之间的关系，把会计人员置于委托者与受托者之间的中间角色。它强调企业编制财务会计报告的依据是会计准则和会计系统整体的有效性，而不单纯强调财务会计报告本身是否有助于决策。

二、决策有用观

决策有用观认为，会计目标就是向会计信息的使用者提供对他们进行决策有用的会计信息，会计信息是经济决策的基础。这种观点所确立的基础是，在高度发达的资本市场中，所有者（委托人）与经营者（受托人）的委托与受托关系已变得比较模糊，作为委托人的所有者更加关注整个资本市场的可能风险和报酬，以及所投资企业的可能风险和报酬。它主要强调会计人员与会计信息使用者之间的关系，而不过多地强调信息使用者与企业经济活动的关系，强调财务会计报告本身的有用性，而不是编制财务会计报告所依据的会计准则和会计系统整体的有用性。

国际会计准则委员会（IASC）颁布的《财务报表的编制框架》中指出，会计目标是提供一系列有助于使用者关于企业财务状况、经营业绩和财务状况变动的信息，并提供反映企业经营层受托责任的履行情况的信息。IASC 在论述会计目标时，同时兼顾了"决策有用"和"受托责任"两方面，并指出会计信息使用者之所以希望评价管理当局的受托责任，是为了能够做出经济决策。

我国财政部颁发的《企业会计准则——基本准则》规定：财务会计报告的目标是向财务会计报告使用者提供与企业财务状况、经营成果和现金流量等有关的会计信息，反映企业管理层受托责任履行情况，有助于财务会计报告使用者做出经济决策。

受托责任观和决策有用观并无孰优孰劣之分，它们是不同经济环境下的产物，都能够满足特定历史条件下使用者的信息需求。从提供信息的内容来看，两种观点并不互相排斥。根据受托责任观，财务会计报告提供的信息有助于委托人评价受托责任的履行情况并做出是否继续委托受托关系的决策。从这个意义上讲，它也是一种"决策有用性"；企业向投资者、债权人等提供决策有用信息，是因为他们将资金投于企业，供其生产之用，这种经济利益关系实际上有委托受托的意味，所以说，决策有用观的前提是委托受托经济利益关系的存在。

第四节 会计的特点

一、会计的特点

会计是一项进行核算和监督的管理活动，是企业经营管理的重要组成部分。与企业其他管理活动相比，会计具有以下基本特点：

（一）以货币为主要计量尺度

对任何一种经济活动的核算和记录，都必须应用一定的计量单位，否则就无法进行数量反映。人们经常采用的计量单位主要有三种：实物量度（如千克、米、件等）、劳动量度（如工作日、工时等）和货币量度（元、角、分）。这些计量单位，由于衡量的基础不同，分别应用在不同的方面。

实物量度是为了核算各种不同物资的实物数量而采用的，它对于提供经营管理上所需的实物指标，保护各种物资的安全和完整具有重要意义。但是，实物量度有一定的局限性，它只能用于总计同一种类的物资，而不能用来总计各种不同种类的物资，更无法用来综合反映各种不同的经济活动。

劳动量度是为了核算企业经营活动中消耗的劳动者工作时间的数量而采用的一种计量单位。应用劳动量度，可以具体确定某一工作过程的劳动耗费，这在商品经济条件下是非常必要且具有特定作用的。但是，由于价值规律是商品经济下的基本经济规律，社会再生产过程中所消耗的劳动量，还不能广泛利用劳动量度来进行记录和计算，仍需要间接地利用价值形式进行计算，即必须借助于价值形式才能把各种经济性质相同或不同的生产经营业务加以综合，以求得经营管理所必需的资产、负债、成本、利润等综合性的经济指标，总括反映各个单位错综复杂的经济活动过程及其结果。

货币是商品的一般等价物，具有价值尺度的功能。以货币作为统一的计量单位来进行核算是会计的一个重要特点。尽管实物量度和劳动量度也要经常应用，但会计上的主要计量单位还是货币。

（二）具有连续性、系统性、全面性和综合性

会计具有一套科学的专门方法，能对经济活动进行连续、系统、全面和综合的核算与

监督。连续性是指会计对各种经济业务按其发生的时间先后顺序进行不间断的记录；系统性是指对会计记录要按一定要求进行科学的分类、整理和汇总，为经营管理提供系统的、有用的会计信息；全面性是指会计对全部经济活动进行完整的计量和记录，反映其来踪去迹，不能有任何遗漏；综合性是指会计对各项经济业务以统一货币为计量尺度进行综合汇总，为经营管理提供总括的价值指标。

（三）会计核算以凭证为依据

为了实现会计目标，向各有关方面提供真实、有用的会计信息，会计对任何经济业务的记录与核算，都必须取得或填制合法会计凭证，并按有关规定对凭证进行审核。只有经过审核无误的会计凭证才能作为进行会计处理的依据。

二、会计的方法

（一）会计的基本方法

会计方法是实现会计职能、发挥会计作用和达到会计目标的手段和措施。在社会主义市场经济条件下，为适应社会经济的发展和经营管理的要求，现代会计具有核算、监督、预测、决策、控制和分析的职能。因此，现代会计方法体系是由会计核算方法、会计监督方法、会计预测方法、会计决策方法、会计控制方法和会计分析方法组成的。

1. 会计核算方法

会计核算方法是指以统一的货币单位为量度标准，连续、系统、完整地对会计对象进行计量、记录、计算和核算的方法。它主要包括设置会计科目和账户、复式记账、填制凭证、登记账簿、成本计算、财产清查和编制会计报表七种专门方法。在会计方法体系中，会计核算方法处于基本环节，是其他会计方法的基础。

2. 会计监督方法

会计监督贯穿会计工作的全过程，对于发挥会计职能，完成会计任务，起着十分重要的作用。会计监督方法是指以我国《会计法》及有关财经法规为依据，对会计凭证、会计账簿和会计报表等会计资料的真实性、合规性、正确性进行检查的方法。它包括复算、核对、调节、审阅、盘点、抽查等具体方法。

3. 会计预测方法

会计预测方法是指利用会计信息资料及有关技术经济信息，揭示经济活动的规律性，预测经济活动的发展趋势，进行超前管理，以减少经济工作盲目性的方法。它包括两类：一是定性预测法，其原理是会计人员通过调查研究，收集历史资料，对未来发展趋势进行判断、揭示和预测；二是定量预测法，其原理是应用数学方法，通过建立各种会计数学模型来预测会计指标的未来数值。常用的定量预测方法有因果预测法、回归分析法、移动平均法、指数平滑法、量本利分析法等。

4. 会计决策方法

会计决策过程准确地说应该是会计参与企业经营决策的过程。具体方法主要有差量分析决策法、产品寿命周期分析决策法、四象限评价法、获利能力评价法、产品系列平衡法、经济批量决策法、决策树法、投资盈利率法和净现值法等。

5. 会计控制方法

会计控制方法是指通过制定科学的控制标准，利用会计信息，采用一定手段，不断地影响和调节生产经营活动，使之按预定目标进行的方法。根据不同的控制标准，会计控制方法大体上可分为三类：一是以有关法规、制度、政策为控制标准的制度控制法；二是以各种经营管理的目标、计划、定额为控制标准的目标控制法；三是以责任者的具体责任为控制标准的责任控制法。

6. 会计分析方法

会计分析方法是指利用会计资料及其他经济资料，对企业的生产经营活动过程及其结果进行比较、分析、评价，以便发现差距、找出原因、总结经验、改进管理的方法。它包括定性分析法和定量分析法两类：前者是会计人员在调查研究的基础上，凭借经验和有关信息资料，对企业经济活动的现状、问题及发展趋势做出分析和推断；后者则指会计人员通过运用一些技术方法，对经济活动情况做出数量上的分析，主要方法包括指标对比分析法、因素分析法、平衡分析法、量本利分析法和 ABC 分析法等。

会计方法是人们在长期实践中总结出来的，经济形势的发展对会计工作不断提出新的要求，会计方法也将不断改进和发展。鉴于会计核算方法是初学会计者必须掌握的基本知识，是其他会计方法的基础，本教材着重介绍会计核算的方法，关于会计的其他方法将在今后有关课程中详述。

（二）会计核算的具体方法

1. 设置会计科目和账户

设置会计科目和账户是对会计对象的具体内容进行分类的专门方法。正确设置会计科目和账户，对于分类、系统地记录和核算经济活动情况，提供经营管理所需的各种分类指标，具有重要意义。

2. 复式记账

复式记账是通过至少两个账户或会计科目相互对应的记录每一项经济业务的专门方法。运用复式记账，可以完整地反映经济业务的全貌和经济活动中资金增减变动的来龙去脉，也便于检查账簿记录的正确性。

3. 填制和审核会计凭证

会计凭证是用来记录经济业务内容，明确经济责任的书面证明，也是记账的依据。填制和审核会计凭证是为了审查经济业务是否合理和合法，保证账簿记录的正确和完整而采用的一种专门方法。通过填制和审核会计凭证，可以保证账簿记录的真实性，也有助于会计监督的实行。

4. 登记账簿

登记账簿是根据审核无误的凭证在账簿上连续、系统、完整地记录经济业务的一种专门方法。这种方法可以全面、系统地提供会计核算资料，并为编制会计报表提供依据。

5. 成本计算

成本计算是按照一定对象归集经营过程中发生的各项费用，借以确定该对象的总成本和单位成本的一种专门方法。这种方法主要在工业企业中运用。它是制定价格、确定盈亏和加强经济核算的重要条件。通过成本计算，企业可以检查经营过程中所发生的费用是否符合节约的原则，这对于分析成本的高低及其形成原因，寻求降低成本的途径，提高经济效益，具有非常重要的意义。

6. 财产清查

财产清查是通过盘点实物、核对往来款项并与账面核对来查明财产和资金实有数额的一种专门方法。通过这一专门方法，可以确保会计记录的正确性，保证账实相符和财产物资的安全与完整。

7. 编制会计报表

编制会计报表是定期总结经济活动和财务收支情况，考核计划（预算）执行情况的一种专门方法。通过这一方法，可以总结企业的经济活动，为考核、分析财务计划（或预算）的执行情况和编制下期财务计划（或预算）提供重要的数据资料。

（三）会计核算的具体方法之间的关系

上述七种会计核算的具体方法之间相互联系、密切配合，构成了一个完整的会计核算方法体系。各种方法相互之间的联系和使用程序是：当经济业务发生以后，都必须首先由经办人员填制或取得原始凭证，并经会计人员按有关法规、制度的规定进行审核后，根据所设置的会计科目和账户，运用复式记账，编制记账凭证；其次根据审核无误的记账凭证登记各种账簿，对生产经营过程中发生的各项生产费用，应按规定的成本计算对象分项进行成本计算，会计期末，按有关规定对账项进行调整和结算，同时通过财产清查对财产物资的账面金额和实际金额进行核对，经调整使账实一致后进行结账，并编制试算平衡表，在保证账证、账账、账实一致的基础上，根据账簿记录编制会计报表。这标志着一个会计期间的会计核算工作程序已经结束，然后按照同样的程序开始下一个会计期间的核算工作，周而复始地进行循环。

第二章 会计的教学模式

第一节 中职会计交互认知复合型学习模式应用策略

会计类专业课是知识性、应用性、实践性很强的专业课，它不仅要求学生知道是什么，还要求学生知道应该怎样、为何这样、怎样运用，并能进行精加工与主动建构，因此采用以陈述性为主的教学模式往往不能达到应有的教学目的。在教学探索中发现，在该类课程中应用交互认知复合型学习模式能取得良好的教学效果。

一、理论依据

交互认知复合型学习模式是美国明尼苏达学校教育心理学教授和软件工程公司总裁坦尼森提出来的。该模式是一种用于教学设计的教育性学习理论，它将认知看成是一种流动的动态现象，其目的是创设一种使学习者不仅能获得知识，而且能运用与扩展所获得知识的学习环境，实现获得知识和运用知识的双重教育目标。该模式有三个基本立足点：①认知要素：线性和非线性相结合；②认知策略：既涉及内容知识，又注重高级内容心理加工；③认识系统：将情感要素作为教学活动中不可分割的一部分。

交互认知复合型学习模型主要组成部分有：①作为理论基础的复杂理论，该理论融合了认知理论和认知复杂性理论；②学习目标，主要参照心理学家加涅的学习结果分类方法，对将要学习的内容进行目标分类，分为言语信息、智慧技能、认知策略、操作技能、学习态度等目标；③教学规则，就是针对各个学习目标所形成的教学策略.包括讲解策略、练习策略、问题定向策略、综合能动策略、自我指导性体验策略。

二、教学策略

教学要实现获得知识和运用知识的双重教育目标，使学生提高解决问题的能力和创造能力，关键在于教学时间的合理分配和教学策略的应用。

（一）练习策略

1. 目的

培养学生的智力技能，使其学会正确地运用知识。

2. 教学环境

课堂上教师离开讲台走到学生中，使学生的学习和教师的检查督促之间保持联系，努力创造这样一种环境：①学生将知识应用于以前未曾遇到过的情境之中；②教师认真检查督促学生的练习情况，以防止可能出现的错误，及时与学生交流沟通。

3. 方法

在教学中教师通过精心设计练习，评价学生的反应，提供建议或指导学生来达到预期目的。可以根据平时接触到的相关问题举例分析，也可以引入一些以往学生易错的题让学生分析，通过变换角色来激活学生的思维，激发兴趣。

（二）问题定向策略

1. 目的

通过对个案的研究来改善知识库内的信息，以达到在复杂情境中，提高运用知识的技能和认识能力的目的。

2. 教学环境

教师把企业的实际案例带入课堂，或把学生带到企业，然后由教师提出相关的问题，激起学生分析问题的兴趣。

3. 方法

采用合作学习方式来组织这类教学，使学生在合作中提高。教师提出探究式问题，留给学生较多的思考时间，这时学生会尝试运用他们已有的陈述性知识和程序性知识解决实际问题。教师指导，学生讨论。通过共同讨论，学生会形成解决问题的一系列情境：①分析该问题；②努力将问题概念化；③确定解决这一问题的专门目标；④提出解决的办法或做出决定。这能使学生将专门领域内的各种事实、概念、规则和原理加以联系，使思维得到发展。

（三）综合能动性策略

1. 目的

在回忆解决问题和创造过程中运用知识库。综合能动性策略提供的情境允许学生通过运用贮存在记忆中的该领域知识发散思维。

2. 教学环境

创设进入角色的模拟实习的环境。这种环境是开放式的，提供的情境是纵向展开的，在一个较为严密细致的综合能动性模拟情境中所提供的问题是依据学生个别差异而定的，且变式也是逐步增加的。

3. 方法

模拟个案研究，创造模拟企业，使学生进入角色，通常通过以下程序：①提供初始变量和条件；②让学生扮演往来方的会计解决问题，评比学生提出的解决办法；③根据学生的情况，不断提出下一轮重复的变量和条件；④分析评价。

综合能动性策略旨在提供这样一种学习环境，即学习者在解决问题的过程中积极投身于要求他们运用知识库的情境中，从而改善他们的高层次的思维能力。

三、产生的教学效果

会计教学中通过结合练习策略、问题定向策略与综合能动性策略进行讲解，弥补了主要关注陈述性知识与程序性知识讲练策略的不足，起到了优化课堂教学的作用，达到了理想的教学效果。

培养了学生的三种能力：①区分能力：对知识进行搜索和选择，是一种双重能力，既要理解特定的情境，又要应用适当的上下文准则，有选择性地从知识库中提取知识；②综合能力：处理未曾遇到过的问题情境时精细加工和重构现有知识的能力、综合运用知识的能力；③建构能力：在新颖的或独特的情境中发现新知识和创造新知识的能力。

培养了学生的三种意识：①互相意识：在合作中互相提高、互相得益；②责任意识：对所做的事负责，对企业负责；③求真意识：以事实发生的经济业务为依据，讲求客观性。

第二节　中职会计教学与学生创新能力培养

创新是企业发展的灵魂，我们培养的人才应具有创新能力。人的内心深处总有一种根深蒂固的需要，那就是希望感到自己是一个发现者、研究者和探索者。在教学实践中，教师应善于引导学生的这种积极创造的态度，让学生在教师精心设计的情景中用自己的思维方式学习知识，发现未知世界，用他们丰富的想象力和缜密的逻辑思维能力，去拓展和创新知识体系，从而提高创新意识和创造能力。

一、精心设计，合理引导，培养独立思维

一个人没有坚强的独立性就不可能有打破常规所需要的百折不挠的承受力，没有独立性就不可能有另辟蹊径的创造性。所以教师必须重视培养学生的独立性。会计教学中要注重在课堂教学和练习时培养学生的独立性。

首先，课堂上，多让学生主动参与，发挥独立性，提高思考能力。一方面，启发学生联系实践进行联想，如在教学"其他投资"一节中，引导学生展开投资的联想，并将联想讲出来，然后大家共同分析对投资成本的确认并记录。让学生主动思考、大胆联想，由学生给出资料、补充资料及合乎情理地分析，对独立思考能力的培养很有益处。另一方面，通过运用提问与综合提问来提高学生的思考能力。运用提问是对学生能否将所学知识运用实践的提问，为此，在提问的时候，必须先建立一个问题情景，让学生运用获得的知识解决实际问题。例如：在银行汇票结算方式中，要对收款方付款方进行核算。老师把学生分成两组，分别代表A、B企业，A用银行汇票向B采购，然后提出一系列的问题：A发生什么业务？如何核算？B发生什么业务？由A、B两组同学分别讨论做出回答。应用提问可以激发学生的求知欲和创造欲，能培养他们的思考能力。②综合提问是教师提出表面上没有直接联系而存在间接联系的问题。为了回答教师提出的综合问题，学生必须在头脑中对事物的各个部分及各种特征进行综合考虑。这可以提高学生的推理能力和概括能力。例如：给出企业库存材料的期初余额、期末余额、本期发出额以及应付账款期初余额和期末余额，问学生本期用货币支付的购料款是多少。学生会通过一段时间的思考想到期末余额的公式及购买材料与货币支付的关系，从而提高学生的综合应用能力、分析能力、理论联系实际能力。

其次，脱离书本独立练习。要求学生在解题时做到独立思考。在会计业务核算学习中，学生往往喜欢参照学过的例子而不假思索地套应借应贷科目，这对理解知识点和思维能力的提高很不利。根据这一特点，应要求学生练习时先合上书，闭上眼睛，设身处地为会计主体想一想发生了什么业务及资金的来龙去脉，然后确立应借应贷科目，再根据计价标准确认相关账户的金额。为防止学生之间课外作业抄袭，可按层次布置不同的作业题，或让学生互相出题，交叉解题。

二、营造氛围，积极启疑，培养批判思维

问题是思维的起点，是创造的前提。中国历代教育家都很重视对学生问题意识的培养。孔子很早就提出"每事问"的主张，陶行知先生的一首诗中写"发明千千万，起点是一问"。这些都十分生动和简练地概括了问题意识的作用。只有善于发现问题，才能使知识得到升

华。培养学生启疑能力的批判性思考能力比给学生现成的东西更符合现代人才培养观。

在教学实践中，首先应创设民主氛围。老师必须从讲台上走下来，打破"传道、授业、解惑"的权威形象，树立民主意识，主动与学生交流，形成教师与学生间的良性互动，充分调动学生的主体意识，学生才有启疑的前提。只有具备了启疑的前提，学生才敢于向权威挑战，才能有机会磨炼自己的批判性思维，提高自己的独立思考能力，提出各种各样的问题。所以，教师要主动与学生创建良好的关系，面带微笑走进教室，尤其应认真对待学生的反对意见。课堂上，不能限定标准答案，对学生提出的敏感问题应认真分析，不能因为学生提出了一些老师没想到的问题而把"钻牛角尖"的帽子扣到学生头上。比如，当学生问到"销售折扣中用现金折扣总价法处理时如果在折扣期内收到货款，折扣部分为什么冲减'产品销售收入'，而不计入'财务费用'？为什么中国的票据不带息？"等问题时，教师要指导学生看一些专业书，以开拓知识面，学会钻研。学生只有敢于批判老师、批判书本才有可能真正提高创造性、独立性。

其次，以错引正练习。引入历届学生的错题集，将各章节的易错题作为练习，打破教师讲、学生练的框框，用五花八门的错误例题来吸引学生，让学生寻找错误，分析错误的原因，并讨论如何改正，在改正错误中获得成功的喜悦。通过长久训练不仅能使学生提高观察能力、思维能力和判断能力，更重要的是学生自觉地形成了批判意识。从批判同学、批判老师，再到批判书本。

三、以身垂范，严格要求，培养科学思维

会计教学中严禁学生在学习中敷衍了事，这是为了培养他们严谨的作风。学习会计知识是绝对不允许敷衍的，要讲究一个"精"字，只有给人们"精"的感觉，提供的信息才会有价值。

首先，从道理上告诉学生会计信息对决策产生的影响——可以决定一个企业的生存、发展、获利。会计人员必须提供精确无误的数据资料，做到不差毫厘。

其次，在教学过程中要严格要求，让学生树立严谨的观念。身教重于言传，教师在板书时的每一个数据都必须书写准确清晰，注重科学性、客观性、逻辑性。日积月累，教师的严谨作风必然对学生产生潜移默化的作用。教师每次批改作业都必须认真，行就是行，不行就是不行。比如学生在做一笔分录时应借贷的科目写对了，而金额填写有误，在批改时要分别注明对、错的地方，不能半对半错。

最后，精心设计练习，训练严谨作风。会计技能是合乎客观法则要求的账务操作，教师必须有目的、有计划地指导学生在掌握财会知识的基础上形成一定的技能。

从心理学角度上看，科学而有效的练习有助于激发学生学习会计知识的兴趣，有助于培养学生的科学素养，有助于提高学生的技能。但不能一次提出过高过多的要求，必须分层次提出要求，让学生人人"吃得饱"。对基础较好的学生，要给足分量，训练其敏捷思维能力；对基础较差的学生则减少分量，以免造成其因疲劳而选择放弃。应把复杂的练习分解成几个部分，要求学生分几次完成，如成本计算的练习，就可以分成分录、计算成本、结账等几个部分。在操作要求中首先要强调质量，强调计算、记录要正确，其次强调速度、效率。预防和避免错误比纠正错误更重要、更容易，因而一开始，就不允许学生敷衍了事，这样既能提高操作效率，又能使学生树立学习自信心和学习兴趣，建立良性循环，经过反复练习达到技能发展的高级阶段。在训练过程中若发现有误，则严格按错账更正规则进行更正。学生在形成技能的过程中，教师应不断提出更高的目标与要求，如要求有更快的速度，要求在变动的情况下能够操作。只有在学习过程中不断培养精益求精的品格，才能对专业有更高的追求，才有可能创新。

四、强化训练，积极思维，培养敏捷思维

思维的敏捷性是指思维速度。思维敏捷的学生善于从复杂现象中敏锐地发现实质性的问题，明确问题的症结所在，迅速找到解决的办法。与之相反，不善于发现问题，或考虑解决问题的方法时犹豫不决，是缺乏思维敏捷性的表现。思维活动的速度即敏捷性是可以培养的，经过一定的合理教育和有意训练，学生的思维敏捷性要比未经训练的学生好得多。在会计专业中主要通过以下几种方法训练学生的思维敏捷性：

（一）限时练习法

在教学活动中对学生的要求必须非常严格。布置课堂练习时要给学生一个时间限制，如果学生做一道习题磨磨蹭蹭需要很长时间，即使做得对也不应该表示满意，务必要求学生快速准确地完成习题。通过坚持不懈进行有针对性的训练，学生才会在脑海中打下做事不仅要讲效果，还要讲求效率的烙印，这对培养学生的敏捷性是有积极作用的。

（二）列举同特征事物法

让学生尽快说出带有某种特征的事物，例如学习税金核算时可问学生记入"产品销售税金及附加"的税金有哪些、预提费用的对应账户有哪些等问题，这对培养发散性思维很有帮助。

（三）列举事物之间的共同点和不同处

如对银行结算七种方式进行比较，让学生说出适用于同城的有哪些，再如让学生说出债券投资溢价、折价、面值购入核算的异同等。通过归纳对比可让学生掌握知识。

五、教学生学习方法，培养学习能力

"授之以鱼，不如授之以渔。"现代经济加速发展，知识的废旧率日益提高，学生在学校学到的知识是有限的，学生毕业后只有不断地充实自己，才能适应工作的要求，这要求教师不再是"带着知识走向学生"，而是"带着学生走向知识"。会计教师不仅要教给学生知识技能，更重要的是教给学生独立获得知识和独立锻炼自己技能的方法。

（一）案例导学法

教学既要重视教学基础概念的基本知识，又要注重理论联系实际。这是因为基础知识不仅有利于学生掌握经济业务的基本规律，而且有利于基本技能训练，而理论联系实际能使学生掌握分析方法，提高应用能力。例如在存货的概念上，教师重点分析存货确认的三个条件，即法定所有权属于企业、有实物形态的流支资产、因不销售或耗用储备。同时，引导学生举例并带学生到企业实地观看，然后由学生归纳出属于存货的范围和不属于存货的范围。通过案例导学，引导学生接触实际，掌握第一手资料，使学生发现问题，学会用知识分析、解决问题，提高学习能力。

（二）读书指导法

通过此法组织课堂教学可以达到培养学生学习能力的目的，使学生能独立学习书本知识。这是调动学生学习主动性，养成其认真学习和独立思考习惯的重要途径，它可以弥补教师讲解的不足，可以避免简单问题的重复。每节课前，教师设计好预习要求，并做检查。起初可以在老师的指导下进行预习，养成习惯后就可独立预习，并上交问题，这是培养学生自学的一个重要方法。

（三）培养自我检查能力

教育家赞可夫曾提出一条使学生理解学习过程的原则，其中心思想就是要求教师指导学生把自己的学习过程作为研究的对象以不断总结，并探索适合于自身技能的合理的认知结构。这一点很值得我们借鉴，在教学过程中要指导学生对自己某一阶段的学习进行分析，不断调整自己的认识结构，在检查中发现问题、总结经验。

总的来说，教师只有在教学上不断地进行创新，从培养意识到培养方法都进行改革，才能培养出适应社会需求的创新人才。

第三节 中职会计竞赛式课堂教学

在会计教学中，学生普遍存在以下两种心理特点：一是学习情绪浮躁。稍微知道一点就认为自己懂了，不求甚解，对老师的讲授容易产生烦躁情绪，习题做错了也懒得订正，所以对知识的领会只能是一知半解，导致独立解决问题的能力较低。二是学习信心不足。认为自己学习能力差，学不好，对稍难或解题步骤繁多的问题轻易放弃，成功的快乐体验太少，陷入"简单的不愿做，麻烦的做不了"的恶性循环。如果教学不从兴趣出发，只关注教学内容，运用传统的老师向学生单向传递知识的方式教学，学生的学习热情很难维持。显然，如何调动学生的主观能动性，成了当前学校课堂教学亟待解决的问题。

如何让学生体验到学习高效能的快感，让学生学习兴奋起来，自主起来？老师们采取了很多办法，如制作形象的课件、运用生动的语言、设计有趣的游戏，虽然课堂氛围有所改善，但是由于会计专业基础理论枯燥、操作多是写写算算、易烦易错的课程特点，学生的学习热情和学习意志较难培养。

学生个性中的"知""情""意"是互相联系、互相影响、互相制约的。就"知"的方面而言，它能帮助学生坚定信念，选择兴趣，激起情感，坚定意志；就"情"和"意"方面，它是学生心理的发动机和能源产出地，离开了"情"和"意"，学生的心理之车就不能纵情驰骋，而竞赛能促使学生产生饱满的热情、浓烈的兴趣，进而养成顽强的毅力、持之以恒的品质。会计教学中经常运用竞赛式教学，能有效地实现"知""情""意"合一，激发学生的学习热情，形成学生自主学习的能力。

一、竞赛式教学法的定义

竞赛是能够让人兴奋、使人快乐的活动。在竞赛中，学生情绪高涨、思维活跃，能够体会到竞争的乐趣和成功的快乐，能够产生希望的力量。

竞赛是一种相互竞争与学习及提升团队治学效能的手段，参加者以争取优异成绩获得胜利为直接目的。竞赛式教学法就是将教学内容任务化，以竞赛形式完成教学任务的一种方法。充分利用学生间的互助教育资源，实现学生自己解答疑惑，减少教师讲解，变教师的讲为导，使教师的作用定位在导上。教师根据教学目标和内容组织竞赛，让学生以个人或小组的形式参与其中，给予学生充分发挥潜能的空间，鼓励其个性化和创新性的发展。竞赛式教学课堂以竞赛的形式呈现，课堂教学不再是教师的"独角戏"，不是事先预设程序的再现，更不是教师的"满堂灌"，而是充分留足学生发言的时间和空间，确保学生的思维得到有效激活。

竞赛式教学课堂通过合作和竞争使学生体会到愉悦和轻松，在竞赛氛围的感染下促使学生乐于参与并从内心感到心绪畅达，"情通则理达"，情绪高涨必然思维高涨。

竞赛式教学课堂不要求学生正襟危坐，齐声回答，而是打破常规，学生或围坐讨论，或站立抢答，或批驳同学，或与师辩论，课堂教学充满自由轻松，充满活力和情趣，使学生在这样的氛围中体验挑战，享受学习，分享智慧。通过竞赛式教学课堂模式的导入和深化，逐步形成互斗、互学、互促、互进的良好教学环境。

二、竞赛式教学组织模式的实施策

竞赛式教学法是通过竞赛激发学生的课堂参与热情，提高课堂教学效果。痛苦的功课使人感到知识令人讨厌，而愉快的功课会使知识吸引人。那些在恐吓和惩罚中得到知识的人们，日后很可能不会继续钻研；而那些以愉快的方式获得知识的人，会认为知识本身是有趣的，而且许多快乐和成功的体验将促使他们终身进行自我教育。比如，对平时上课不认真的学生，教师采用处罚、训责、告家长或扣平时分等办法惩罚学生，用不给学分不能毕业来恐吓学生，学生可能一时间在课堂上安静了，认真了，但这绝对不是理想的高效的学习状态。以竞赛的形式来组织教学活动，创设一种轻松的氛围，从思维启发角度说是一种对话的课，人人都感到快乐，或为自己的精彩回答而高兴，或为小组的胜利而高兴。

竞赛式教学法实施策略是指在竞赛式教学实施过程中发生在课堂内外的一系列行为。这一阶段主要包括教学目标的确定、内容选择、教学材料的准备、竞赛规则的制定、竞赛团队的建立、形式选择、竞赛设计。教师在课堂教学前所要处理的问题，也就是教师制订教学方案时所要做的工作，包括教学行为的选择、教学形式的组织、竞赛设计以及教案设计等。

三、效能评价策略

心理学家裴斯泰洛齐提倡使教学心理学化。竞赛式教学法正符合教学心理学化这一理论。该法是把对学生的心理研究作为教学的重要内容，从培养学生的非智力因素出发，利用学生追求成功、展示自我的心理需求，打破传统教学中师传生受的教学旧框框，变学生被动学习为主动学习的一种教学方法。竞赛式教学法针对学科及学生特点，在课堂中精心设计生动活泼的竞赛方式,将枯燥学习娱乐化、游戏化,使学生不断获得成功快乐的体验,进而激发学生的非智力因素,激起学生学习认识的主动性,增强学生的学习兴趣,激发学生的内在学习动机,使学生积极主动自觉地学习。

教学评价策略主要是指对竞赛教学活动的过程与结果做出价值判断的教学方法,主要涉及对竞赛效果、学生竞赛成绩的评价,目的是通过评价、总结经验,更好地调适教学行为,激发学生的学习热情。会计课程竞赛教学贯穿整个会计教学活动的始终,因而对竞赛式的评价是一个动态的过程,不仅包含对一次具体竞赛活动的评价,还包含以一个学期为单位的整个教学活动的评价。具体来说包括即时评价、阶段评价、总体评价三个环节。

(一)即时评价,激发兴趣

竞赛结束后,要对竞赛结果进行统计,当场公布各组得分情况,对每个学生和每个小组的表现给予即时的反馈评价,也可让没有参加比赛的学生对参赛同学的表现进行点评,加深学生对本课的印象,增强他们的观察能力。对获胜的小组,教师应鼓励他们再接再厉,永争第一;对落后的小组,教师要找出其闪光点加以表扬,激励并维持他们的上进心。教师要根据竞赛的整体情况,对本堂课或本阶段的教学内容进行小结,使学生进一步巩固学到的知识和技巧,并将这些知识系统化。要对每个竞赛小组的得分情况进行排名,计入积分,作为月评依据。

(二)阶段评价,动态激励

评价主要表现为对竞赛成绩的评比与动态展现。为形成长效激励机制,调动学生的参与热情,强化竞争意识和互教互学氛围,还要进行月评,使比赛一贯化。为使成绩一目了然,营造竞争氛围,可设计一张各小组竞赛积分表,张贴在教室,把每次小组的积分情况及时记录下来,并在月末进行成绩评定和表彰奖励。表彰奖励方式有作品展示、授予相应荣誉和适当的物质奖励、外出活动等。把考评结果作为考核课程平时成绩的重要依据。

(三)总体评价,总结提高

在课堂最后阶段,老师对竞赛过程和学生的表现进行评价和总结,对课堂教学内容进行再梳理,进一步阐述要旨、分析缘由、明示重点、解答难点。因学生在参与竞赛中有对问题的认知和理解,因此更容易接受老师的引导性点评和总结的内容。从定量与定性两个方面对竞赛教学的整体效果进行评价,以不断完善会计竞赛式教学法。主要围绕教学目标对学生专业的学习兴趣是否提高、成绩是否提升、合作意识是否加强、学生参与率多少等评价指标进行评价,然后根据评价情况,总结经验,调整教学行为,提高竞赛式教学的成效。

四、教学成效

（一）激发学生学习兴趣

会计教学中，提高学生的学习兴趣、应用能力和操作能力，是教学的重点、难点。许多会计教学采取教师讲解，学生模仿、练习，教师再进行指导、纠正的教学方法。这样循环教学，很容易使学生进入从新奇到枯燥，到疲倦，再到烦躁的状态，陷入一种照着例题能做，离开书本笔记不行的困境，导致学生不乐意主动解决问题，不主动练习与思考，从而失去学习兴趣。

在会计课堂上引进竞赛式教学法，是教学模式的实践创新。学生的好胜心较强，时时处处好于自我表现，轻松的课堂竞赛恰好迎合了学生的这种心理。为了在竞赛中表现出色，学生会认真掌握教师讲授的每一个知识点。因此，形式多样的竞赛激发了学生参与的积极性，促使他们在理论或技能学习中，对每项操作的步骤、方法、规则反复推敲，且百练不厌，避免了疲劳、注意力分散和不求精通的现象，大大提高了学习效率。

（二）培养学生自主学习能力

在竞赛式教学法实施过程中，让学生充分发言，小组讨论，教师进行外部控制、奖赏。由于能获得奖赏，学生会主动思考，甚至事前准备，形成惯例后，学生就会在学习上有超前性和拓展性，学习的自主能力就能逐渐得到提高。

（三）提高学生的竞争意识

在竞赛式教学法的实施过程中，每个竞赛小组都有机会获胜，因而前期都会积极准备，竞赛中也会尽量发挥本组的能力，这逐渐增强了学生的竞争意识。竞争也能使学生较好地发现自己尚未显示出来的潜力和局限性，有助于自觉地克服某些不良习惯。竞赛结束后，教师会评选出优胜小组或优胜个人，胜出的学生可能沾沾自喜、扬扬得意甚至骄傲自满，而失败的学生会垂头丧气、非常气馁。这时，教师应正确引导，教育学生正确地面对成与败，使之形成正确的竞争价值观。

（四）培养学生的团队精神

竞赛式教学不仅能够使课堂活跃、高效，而且能有效培养学生的团队精神。要想在小组竞赛中获胜，就要有共同目标和良好的与他人合作的意识，做到团结合作、共同奋斗，这样就能加强同学间的合作交流。我们知道，平时学生的互助多数发生在成绩比较好的学生身上，而功课较差的学生往往无从学起。组建团队后，为了团队的荣誉，成绩好的学生会主动帮扶成绩较差的同学，有利于形成很好的互帮互学氛围。团队通过会计技能竞赛不但能赛出技能的高低，还能赛出团队精神。

五、竞赛式教学实施中应注意的几个问题

第一，每次竞赛中，都要选出几个学生做教师的助手，分别担任主持人、记分员、计时员，协助教师做好各项工作。并且每次被选出来的学生都不同，使学生都能得到锻炼。

第二，教师要控制竞赛气氛，当消极干扰出现时，可用轻松幽默或鼓动性的语言，调动学生的热情和兴趣；当积极干扰出现时，可加大竞赛难度，以免学生骄傲自满。通过反复调控，确保竞赛气氛的和谐。

第三，教师应该合理安排各个教学环节的时间，尽量按照事前准备的计划表把握每个阶段的时间，控制好竞赛的进度。

第四，教师做好调控，使每个组都有可能获得优胜。

第五，在实际运用过程中，竞赛式教学法可与多种教学方法综合在一起，如与角色扮演、案例教学及项目教学有机结合，以竞赛的方式呈现出来。

六、研究展望

课堂教学是一种多边参与、形式多样，需要不断更新的活动。教师既是教学活动的组织者，也是教学方法的探索者，必须在教学中不断创新，发挥学生的主观能动性，改善教学效果。在会计教学中，如果能合理地运用竞赛式教学法，就有可能取得满意的教学效果。通过团队性激励带动学生整体学习效能的提升，进而促进学生达成学习目标。

第四节 中职会计授权式教学模式探新

众所周知，大部分学生的智力水平是差不多的，造成学业差距的原因主要不是智商的问题，更多的是情商的问题。因此，培养学生的情商，建立其对学习生活的积极心态无疑是抓好专业教学的基础和前提。

教师既要有敬业精神，更要具备较高的教学管理水平。一些老师一天工作十五六个小时，全身心扑在事业上，对学生的什么事都管，但是往往心有余而力不足，盯不住的学生在不知不觉中就掉队了，而且教出来的学生独立性和灵活性较差。教师的时间和精力都是

有限的，教师必须从这低效的教学管理中解脱出来。在教学实践中，授权学生做一些事情，学生的完成情况大多远远超出期望值，多次授权后一些学生的精神风貌甚至会发生质的改观。可见授权是一种十分有效的教育方式，它能帮助学生逐步消除自卑感，建立自信，形成乐于学习的动力。随着时代的进步，尤其是互联网技术的发展，学生知识视野不断开阔，社会交往的能力与需求也在不断地增强。学生渴求自我价值的实现和社会的认同，学生希望老师给予学习展示平台。学生的需求就是教师的行动。这既为教师运用授权教学方式提供了心理和物质基础，也促使教师改变传统管理战术，全方位地运用授权方式组织教学活动，为学生营造一个认识自我、提升自我、创造自我的发展空间。本文主要就中职会计如何开展授权式教学做粗浅的论述。

一、授权式教学的含义与特点

（一）授权式教学的含义

"授权"引自管理学，指的是以人为主体对象，将所需完成工作中的必需的权利和责任给予下属，并以下属为主体完成既定工作目标的一个过程。授权式管理是通过别人来完成工作的管理办法。

授权式教学，就是教师将部分教学权利和责任赋予学生，并以学生为主体完成既定工作目标的一个过程。

授权式教学是建立在信任的基础上的，是锻炼人、培养人的一种手段，是一种特别的激励方式。授权的目的是更好地完成既定的教学目标，为学生健康成长、培养能力提供平台。授权并不意味着教师放弃自己的职责，不是对学生放任不管，而是适度放手，换一种更有利于发挥个体积极性的教育方式完成教学任务，实现教育目标。

（二）授权式教学的理论依据

1. "从做中学"教育理论

杜威以教育即生活、生长和经验改造的理论为基础，提出"从做中学"的教学论思想。其一，在杜威看来正是通过从做中学，学生才得到了进一步的生长与发展，获得怎样做的知识的。其二，从做中学是个体的天然欲望的表现。杜威认为，个体身上蕴藏着充满生机的冲动，生来就有一种天然的欲望：要做事、要工作。其三，"从做中学"是个体的真正兴趣所在。杜威认为个体善于运用内心的自制力来克服外界的困难，由此促使个人兴趣的发展。可见，学习来自实践经验，来自领悟，这对于注重技能掌握的中职教育来说有着重大的借鉴意义。因此，教师以满足人的天然欲望为出发点，选择适当的任务交给学生，使学生从那些真正有教育意义的活动中进行学习，从做中学，将极大调动学生的内在动力。

2."学习金字塔"理论

"学习金字塔"理论用数字形式形象地显示了：采用不同的学习方式，学习者在两周以后还能记住内容（知识保持率）的情况各不相同。转教别人的知识保持率最高，两周以后，知识保持率达到90%。所以教别人，看上去费时间，实际却节省了时间。

（三）授权式教学的特点

与传统输灌式、启发式、辅导式课堂教学相比，授权式教学更关注学生在学习中的主体地位，具有以下鲜明的特征：

1.能力至上

传统的教学评价的标准是分数的高低。学生为分数而学，教师为分数而教。为了提高分数，教师在知识点的记背、抄写、考试复习题的训练等方面花了很多心思，甚至采取各种罚抄、罚做手段，忽视学生情感和能力的培养。

授权式教学评价关注的是学生能力的高低。一方面是服从于中职教育的培养目标——服务为宗旨，能力为导向；另一方面是基于人性需求，帮助学生重新认识自己，进而改变认知模式。

2.面向全体

传统的课堂，大多是教师单边的活动，把课上成报告会、演讲会、表演秀，课包装得很精彩。但学生只是观众，甚至只有少数学生跟得上教师的讲课步骤，对于大部分学生而言，就跟听天书一般。

授权式教学从社会学的角度出发，认为课堂教学的本质是人际交往作用的过程，需要教师与学生、学生与学生相互间展开平等而充分的多向交往，产生多方联动。授权式教学下放教师的辅导权利，强调学生之间的互助，在教中学，让学得快的学生教学得慢的学生，取长补短，使学生产生思维共振，形成学习合力，促进全面发展。

3.成功体验

传统的课堂，教师单枪匹马，教得很辛苦，可是总是有学生不能领会，答不出教师的提问，完成不了教师下发的任务。许多学生没有成功体验，还要担心教师的批评，在课堂上几乎没有快乐。

授权式教学让学生参与会计教学活动，实现人人有事做，在做中学，在教中学，在做中体验成功，在教中体验成功。

二、中职会计专业开展授权式教学的目的和意义

（一）满足学生自我实现的内在需求

学生在学习上没有得到认可，就会转向捣乱、恶作剧等方面去表现自己的重要性和赢得影响力。教师给予学生责任，让学生独当一面，让其完成与其能力相称的事情，也就是给学生提供一个展现自我、实现自我的舞台，让他感觉到自己被重视、被关注、被肯定；当学生的需要得到满足时，将产生成就感、归属感、满足感，就能最大化地调动其积极性，使其愿意在学习上去争取影响力，从而提高学习效率。

（二）提高学生综合能力的有效途径

面对创新创业下的市场需求，学生要成为企业所需的人才，就必须具备学习的能力、领导力、谦逊的态度、善于发现问题和解决问题的能力、专业知识应用能力等关键能力。学生要具备这些能力就不能成为温室的花朵，而要经历风雨，磨炼意志。通过授权，让学生直接掌握事权，独立做好学习计划安排、任务执行、成果反馈等工作，这将有利于学生实行自我控制、自我管理、自我发展，极大地提高其计划、组织、沟通等职业能力。

（三）提高专业学习成效的迫切需要

会计是一个实务性很强的行业，大多数民营小企业都会设一个会计岗位，对会计人员独当一面的能力要求较高。在会计专业教学中，特别是实训课教学中，授权学生对照会计岗位标准自行组织学习活动，独立真实地开展会计岗位工作，在做中学，有效培养学生的职业道德和技能素养，使学生形成岗位意识，提高岗位适应性。

三、创建中职会计授权式教学课堂

（一）原则要求

1.学生中心原则

教学不是以老师为中心，也不是以教材为中心，而是以学生为中心，着眼于每一个学生的受益与发展，以学生有没有在课堂上得到收获为课堂教学质量的评价标准。

2.主动学习原则

教师应相信每一个学生的学习潜能和求知欲望，把学习权利还给学生。教学全过程以学生的主动学习为中心，是对机械记、读、抄"被学习"的反动，是一种学生身心参与、

思维碰撞、交流互动等状态合成的"主学习"。

3.学导有序原则

教师通过对学习目标、学习任务、学习方略、学习获得、拓展延伸的精心设计，有序推进教学，在教师可控范围内，实现以教导学、以导促学。

4.循序渐进原则

通过尝试、考察、培训、指导、肯定等环节使学生逐渐提高胜任能力，循序渐进地实施授权教学，避免授权失控。

5.追求实效原则

如同企业注重成本效益一样，授权教学也同样要讲究成效。从学生在知识、能力、方法上学到了什么，每个学生学到了多少，多少时间里学到的，怎么学到的等方面衡量授权成效，及时调整授权强度和授权幅度。

（二）授权方式

1.授权形式

按被授权对象来划分，主要有个人授权和团队授权。个人授权是教师向学生个人授权，交代学习任务，这一方式比较灵活。团队授权是组建学习团队，向团队成员分别授予相应的责任，通过成员间的互相促进，提高学习成效。学习团队的组建不是简单地分组，也不是学生自由组合，而是异质分组。在充分了解学生的学习成绩、性格特征等各种情况的基础上再行分组，各队优秀生、中等生、后进生搭配，性格开朗活泼健谈者、内向沉默寡言者搭配。这一形式相对固定，每组确定一名学习队长，队员确定相应职责和任务。

按时间来划分，一是短期授权，针对临时性的教学任务；二是长期授权，针对常规性的教学任务。

2.授权目标

被授权人或团队，按时保质保量完成学习任务，实现高效学习。

3.授权内容及范围

除教学目标的设定外，各个教学环节的工作都可以根据师生融合情况进行适时适量的授权，包括制订计划、帮扶学困生、组织活动、批改作业、整理教学资源、创编作业、拟定试题等教学内容。

个人授权的范围为制订计划、帮扶学困生、批改作业、创编作业等。

团队授权的范围为制订计划、帮扶学困生、组织活动、批改作业、整理教学资源、创编作业、拟定试题等。

4.基本程序

程序包括任务设计、任务分析、授权执行、适时帮导、任务反馈、拓展提高六个环节。

（三）中职会计授权式教学组织策略

1.精心设计导学，交给学生学习的权利

教师除了制定学习目标的权利不能放给学生外，其他权利都可以放。教师要精心备课，确定教学目标，并对学习策略提出具体化的指导，提供相应的条件，交给学生学习的权利，让教师的计划成为学生学习的计划。学生有了学习方向，授权才能做到放手但不放任、自主但不自流。

2.巧妙布局导教，交给学生教的权利

会计的技能教学中，授权策略与任务驱动教学法和小组合作组织方式相得益彰，可以取得极佳的教学效果。学生在完成学习任务的过程中，往往是部分做得快的学生先碰到困难，出现一些错误的做法，暴露出一些问题，这就需要老师"对症下药"进行引导，而这时的教将更具有针对性、实效性。

学生的差异性客观存在。在人数达到四五十人的班级里，教师很难靠一己之力辅导每个学生，所以要充分调动学生一起参与教学。教师授权给先掌握知识或技能的学生，赋予他们教的权利，让他们当"小老师"教团队里的队员。这时候操作上的指导就不只是教师一人，而是生教生、同桌互教、团队互教，使教师的课堂成为学生展示的舞台。

3.科学判断导评，交给学生评的权利

真正的教育是自我教育。学生需要依靠评价来了解自己的学习成绩，监控自己的发展。因此，把评价纳入学习过程，非但应该成为教师的课堂理念，也应该成为学生的共识。学生的自我评价能力并非与生俱来的，也并非一蹴而就的。教师要循序渐进地培养学生的自我评价能力。其一，教师在教学对话中要倾听学生观点，引领学生做出科学的判断。其二，在教学评价中，要真正体现学生参与评价，将评的权利交给学生，让学生做自我评价，真正调动起学生的主体意识。

4.适时放手导做，交给学生做的权利

备课、上课、辅导、做题库、批改、设计活动……这些繁重的日常工作占据了教师的大部分时间，没有时间研究学生、研究教材、研究社会对人才的需求，这样的教育是盲目的、低效的。通过授权将上述教学任务交给学生，赋予他们做事的权利，让学生在独立完成任务中得到锻炼提升，而教师则可从机械的日常工作中解放出来。

第一，收集整理资料。教材上的资料总是有局限性的，而会计凭证单据种类繁多，格式不一，可让学生收集整理凭证单据、网络资源、生活资源等教学资料，供大家一起学习参考。对资料的收集整理，实际上就是一个再加工的过程，能促进学生思维发展。

第二，制作错题PPT。各学习团队在学习过程中，会暴露一些问题，操作上会发生一些错误。教师可授权各队的拍摄员拍下过程照片，做好过程记录，然后由电教员整理到题库或做成PPT，供大家复习。学生梳理汇集错题的过程也是进行主动构建的过程，由此提高学习能力。

第三，批改作业。学生有了作业批阅权就有了新的责任，他们会更加努力地完成自己的学业并认真发现同学作业中的问题。从此以往，他们的学习能力、解决问题的能力、沟通表达的能力就能得以增强。

四、中职会计授权式教学模式的实践成效

授权式教学模式促使教师更深入地钻研教材，不断创新教学方式，促进了教育教学水平的不断提升。同时，改变了学生的心智模式，有效地激活了学习兴趣，让学生找回了自信，明确了学习目标，学习效果十分明显，提升了学生探索问题、发现问题、解决问题的能力，达到了教学组织最优化的目的。形成了人人争当"小老师"的良好氛围，同伴相互赞扬、帮扶、监督成为常态化，学生的实践能力技能水平大大提高。更重要的是授权式教学使学生的学习力、组织力、教导力、感召力等得到锻炼，有效地提高了学生的创业意识和就业竞争力。

第三章 会计的教学目标

第一节 现代信息技术对会计教学的影响

一、"互联网+"环境下财务会计受到的影响及发展趋势

互联网作为信息技术发展的产物，是一种新的信息传递机制，它通过技术手段解决了信息不对称的问题，从本质上解决了"沟通"障碍。在传统行业中，所有和信息有关的部分都可能被互联网所取代，大大提高了效率。财务工作是一项极为重视沟通和效率的工作，而以前由于技术的限制，信息传递的速度跟不上所需，往往会造成信息不对称，在很大程度上影响着企业的决策。因此，大力发展会计信息化及管理职能的转变是财务工作未来要做的重要工作。

（一）"互联网+"环境下财务会计受到的影响

1. 对传统会计面临的难题的突破

随着"互联网+"的发展，其本身带有的优势令传统会计面临的一些难题得以突破。例如：远程查账、远程财务稽查、跨地区财务业务协同等。

（1）"互联网+"使财务工作克服了空间、时间的限制

传统的会计工作受时间和区域的影响，无法随时随地进行数据的查阅，不便开展财务工作。而在"互联网+"下，只要有网络，财务工作就可以在网络上顺利进行，随时追踪数据进行账务处理。例如远程查账。

（2）"互联网+"使移动办公无纸化变为可能

互联网的发展，尤其是移动互联网的发展，带动了财务工作的办公新模式。无论是在单位还是在家中或其他地方，只要连接网络，就可以用移动设备查看财务信息，领导的审核签字也可以在线签署，财务工作将会变得更加便捷、高效。

（3）"互联网+"使财务数据实现了共享

随着企业的发展，分子公司的数量逐渐增加，传统的会计工作无法及时、准确获取各分、子公司的财务信息，从而导致数据的滞后。在"互联网+"下，随着新信息技术的发展，

会计信息化水平将得到很大提高，使财务数据在网络上实现共享变成可能，财务人员可以通过互联网准确掌握各分、子公司的财务数据。

2. 对传统会计在确认、计量上产生的影响

在"互联网+"与各种经济领域融合的过程中，经营上的创新也随之而来。经营创新的产物对传统会计在计量、确认上产生了影响。

（1）"互联网+"对会计计量产生的影响

会计上对资产的计量通常有两种价值基础，即投入价值和产出价值。其计量属性有历史成本、现行成本和重置成本等。资产的产出价值是以资产通过交换而最终脱离企业时可以获得的现金及现金等价物为基础的，其计量属性有现行市价、可变现净值、清算价值及未来现金流量的限值。

随着互联网的应用及计量对象的不断扩充，历史成本计量受到其相关性差的影响。对于虚拟资产来说，传统商品销售中，商品只能销售一次，所有权也随着销售同时转移。而对于虚拟资产来说，虚拟物品可以被多次重复销售，产品的复制成本可忽略不计。由此，虚拟物品的价值就大大超出原来的成本投入，历史成本计量就不适用于虚拟资产了。虚拟资产的价值与其产生的未来超额利润直接相关，未来现金净流量法充分考虑了货币的时间价值及虚拟资产未来的盈利水平，只要未来现金净流入能够可靠地加以预计，虚拟资产的计量将适用于未来现金净流量法。

（2）"互联网+"对会计确认产生的影响

"互联网+"环境下，企业不断发展与互联网有关的领域，会计确认对象逐渐多样性。这些经营创新的产物将会改变传统会计在确认上的认识。例如虚拟资产的会计确认，就是对新型无形资产的确认。由于其符合资产确认条件：企业所拥有或可控制的、预期可以带来未来经济利益，所以作为一项资产进行会计处理。虽然虚拟资产不具有实物形态特性与无形资产类似，但虚拟资产的开发和生产是为了销售，给企业带来的是直接利益，这与无形资产又有明显不同。因此，虚拟资产不能按照传统会计的确认方式将其归为无形资产，而应该作为一项新型无形资产被确认。

"互联网+"在不断地发展，越来越多的创新产物也将不断出现，这些创新产物得到会计上的合理的计量和确认。

（二）"互联网+"环境下财务会计面临的机遇

1. "互联网+"为会计从业人员转型带来了机遇

我国互联网经济发展起步较晚，企业财务人员的知识水平和互联网操作能力没有得到

足够的重视，这就导致了人才的相对短缺，也导致了企业在互联网经济下的创新能力的丧失，使得相关工作陷入比较困难的境地。在"互联网+"背景下，财务从业人员除要具有会计专业技能外，还需要紧跟时代变化的发展，不断提升。这种人才即复合型会计人员。

复合型人才要求会计从业人员既有会计的专业知识，又具有熟练操作互联网的能力，还能熟练运用各种会计分析、预测、评价的专业方法。这给"互联网+"下的会计从业人员带来了不小的冲击，对于老一辈的会计来说，纸上算账已经不符合时代发展的需要了，现代会计要求财务人员不仅在专业知识方面过硬，业务素养也要提升，要根据政策及时代发展方向提升自我知识技能。而财务人员的转型也会促进"互联网+"下财务会计向更深层次融合和发展。

2. "互联网+"为财务会计向管理会计转型带来了机遇

在"互联网+"的影响下，信息的传递速度和信息的共享性使企业对会计信息的要求越来越高，而传统的会计工作已经跟不上这些要求。随着"互联网+"时代下云计算、大数据、移动互联网等新兴技术的广泛应用和快速发展，会计的管理职能终于得到了重视，将会计人员的核算工作时间缩减，以便有更多的时间用于为企业创造经济利益的管理中去，将会计核算职能和会计管理的职能明确区别划分。因此，财务会计逐步向管理会计转型。会计工作逐步将重心从外部利益相关者转移到内部经营效益的服务中来，更多地关注企业决策、预测、财务，为企业的发展提供数据支持。这种转变应体现在以下三方面：

一是由"静态控制"转向"动态控制"。传统的会计工作受到技术和人员素质的诸多限制，一般都是进行静态预算、反馈、预测及控制，这种方式对数据的实时性和准确性都不能保证，不利于企业对数据的正确理解和把握，财务作为企业的重要部门，更无法为企业的长久发展指出正确的方向。在"互联网+"时代，在全新的互联网工具及新型业务管理模式下，财务部门与各业务部门可以无障碍沟通，对信息的准确和及时性也有重大的提升，使得财务人员能够更加容易参与到企业活动及决策中去，有效控制企业内部管理，并且在企业经营的全过程中，根据不同的状况进行适当的调整，为企业可能发生的风险、损失进行剔除，将企业的成本控制在合理范围内，尽可能地使企业的经营利润保持稳步增长。

二是由"事后算账"转向"事前预测、事中控制"。传统的会计工作就是将数据汇总，做凭证、报表。互联网时代，新兴技术的运用促进了核算时间的缩短，一些分析可以在业务开展前及企业决策中作为辅助数据为决策的制定提供帮助。现代会计应将数据的分析和评价作为主要工作内容，主动地提供数据支撑企业利润增长和重大决策，在未来发展中积极参与和讨论，提供帮助。

三是由"部分控制"转向"全面控制"。由于在互联网的影响下，财务部门与其他部门可以做到沟通无障碍，信息共享，即财务信息反映的不再是不完整、不全面的企业经营数据，而是将企业部门的数据融入财务数据中去，使财务数据更加全面、具体，并能利用数据开展下一步计划。因此，财务部分与其他业务部分的完善衔接，促进了数据从片面到全面，从简单到复杂，使财务部分控制到全面控制。传统的管理会计就是在静态下进行的核算工作，之后进行数据反馈和分析。而在互联网时代，这个方式需要根据所处环境发生质的变化，通过信息技术等方式，对会计信息根据市场环境的变化适时进行预测、计划。对企业的战略提出正确的数据支持。

3."互联网+"为会计信息化建设带来了机遇

会计信息使用者的多样化带来的是企业对会计信息的效率、质量，以及成本可控性提出了更高的要求。

企业在会计信息化软件的选择上，普遍都是市面上比较常见的会计信息化软件，这些软件与企业的实际情况并不吻合，同时在会计信息化软件的使用程度上的不足，也是企业会计信息化建设的普遍现象。

随着互联网的发展，以及以云计算、大数据等信息技术为代表的高新技术的突飞猛进，我国企业如果想在竞争激烈的市场中占有一席之地，必须提升会计信息化，会计信息化在企业的未来发展中起着日益重要的作用。为了贯彻我国国家信息化发展战略，全面推进我国会计信息化工作，国务院和财政部都针对信息化的发展提出了指导意见。

在互联网时代背景下，会计信息化只有顺应网络化、信息化的发展趋势，加强会计信息化建设，满足国内外不同监管部门和会计信息使用者的需求，才能促进企业在控制力、管理能力等方面提升，使企业在整个市场乃至整个世界的竞争中都占有优势，具有话语权，才能在世界上占有一席之地。

纵观世界上处于竞争优势的大公司，都将信息技术作为企业发展的重要手段。在组织形式、管理方面的创新，都会促进企业经营的效率，提升企业管理水平，在业务流程方面也会促进再造的工作。在大量资金投入的基础上，这些大型公司在信息化建设上积累了大量的经验教训，这些经验教训对会计信息化的实时性、集成化，以及对组织机构、人员的建设都发挥了充分的作用。

4."互联网+"为会计相关领域的发展带来了机遇

互联网像水、阳光和空气一样渗透到人们的生活中。互联网和移动互联网无处不在，无论是在工作上还是在路上。互联网环境下信息技术的发展最为迅速，对会计领域的发展影响最为重大。传统会计是以每个单位为基础，相对独立的工作范畴。在大数据、移动互联网等新兴技术的引领下，企业的服务对象不再都是实体的，也可能是虚拟的，而企业本身也可能是虚拟的。会计资源不再局限于线下，有很多来自线上，由资源的独立走到资源共享。在这种情况下，会计的工作与互联网深度融合，衍生了更多的虚拟产业，如：网络代理记账、在线财务管理咨询、云会计、云审计等。在这个基础上也促进了电子商务、信息安全等相关技术产业的扩张和发展。

（三）财务工作的发展趋势

纵观国内外企业的发展，都会经历规模变大、人员增多、管理层增加等现象所产生的成本高、效率低、组织机构重复、流程复杂等问题，信息的沟通与传递是否顺畅和快捷成为企业在经营活动中信息是否全面的重要因素。互联网的发展及新型技术和理念的建立，促使会计信息化向信息共享化发展，信息共享服务的提升将会为企业的发展起到不可替代的积极作用。

当今社会，已经有很多企业开始运用共享服务，利用互联网的优势为企业提高了效率、准确性和有效性，为企业吸引更多新的客户及更多的业务提供了基础。随着云计算、大数据作为信息技术手段出现，在移动互联网的背景下信息共享服务将提升到一个新的高度。伴随着财务云、在线会计服务在云会计的基础上建立起来，人们的工作方式也将发生重大的变革，利用互联网无时间、空间的限制，企业的管理人员和各个信息使用者将可以随时随地进入信息系统，这种新型的信息共享服务对数据的收集和处理更加高效，对人员的配置更加合理，在工作流程上也越来越标准化，同时低成本、高效率、高安全性也将是未来新一代财务信息共享服务的重要特征。

二、现代信息技术对现代会计教学的影响

随着社会经济的发展和信息技术的不断进步，现代信息技术环境下的会计教学也迎来了更多的机遇与挑战。我们要做的是改善信息技术环境，使其能够进一步地完善和提升，促进会计教学模式在良好环境中有效地开展，积极探索教学模式，在发展中为会计教学提供可借鉴的经验和新的启示。改善信息技术环境首要了解的就是现代信息技术对现代会计教学的影响。

（一）信息技术对会计培养目标与课程设置的影响

作为一项跨世纪的学校教育，会计教育必须面向新世纪，加快改革步伐，加强信息技术教育，构建适应信息时代的学校会计教育中的信息技术教育框架。为适应信息社会的发展及其对会计人才的需要，必须改革课程设置、更新教学内容，注重培养学生运用信息技术的能力。

1. 信息技术对会计教育培养目标的影响

21 世纪是全球信息化的时代，在以信息技术为核心的知识经济中，劳动力资源日益知识化，人的知识成为创造价值的主要源泉。同时，人力资源管理也从简单的人员调配，向人员智力开发、潜能挖掘、知识积累及发挥创造性的综合能力方向发展，教育已成为人力资源管理的一个重要环节。在知识经济中，会计人员的自身价值也发生了质的变化，会计活动已变为一项重要的管理活动，特别是以计算机技术、通信技术和网络技术为核心的信息技术在企业管理中的运用，使会计活动融入经营活动中，并直接参与社会财富的创造。在这种形势下，会计人员在知识结构、基本技能及自我能力的开发等方面，与传统会计人员相比，有了更高的要求，从而对会计教育也提出了不同的要求。

传统会计教育在培养目标上，只注重"应知""应会"，即只要求会计人员掌握会计基本知识和基本操作技能，能够完成账务处理、报表编制及一般的财务管理工作。但在以信息技术为核心的知识经济时代，只掌握会计知识的会计人员不仅难以完成会计工作，更无法胜任财务管理工作。因此，现代会计教育培养目标必须适应信息技术不断发展和企业经营环境不断变化的要求，不仅要培养会记账的会计人员，更要培养能够运用现代信息技术进行财务管理的管理人才。

会计人员不仅要通晓会计理论与实务，掌握现代工商管理知识，具有较高的外语水平，还要掌握计算机操作技能、会计软件使用和维护技能，以及网络技术、电子商务等一系列新技术与新知识。

会计人员应把更多的精力放在组织管理、职业判断、分析预测、参与决策等方面；会计人员应具有较强的逻辑分析判断能力和创造性思维的能力，能协助企业领导者进行预测分析和决策筹划。

会计人员作为企业业务的综合管理者，应从会计的角度对业务过程的合理性进行评价，积极涉足新的业务发展领域，敢于采用新方法和新技术。

会计人员应能妥善处理与高层经理、业务人员、客户之间的工作关系，了解企业内部与外部的业务情况，以便更好地发挥辅助决策的作用。在信息技术环境下，企业的业务流程和管理组织将进行重组，传统的金字塔式的企业组织结构将被团队式的以高效率工作小组为基础的管理机构所代替，计算机辅助协同工作将成为企业的主要管理模式。在这种管理模式下，每个成员的工作都可能对企业的整体利益发生重大影响，这就要求会计人员要有良好的团队协作精神。

2. 信息技术对会计课程设置的影响

在众多中职院校会计专业现有的会计课程体系中，与信息技术相关的课程主要有计算机应用基础、电算化会计、电算化审计等。在这些课程设置中，计算机及信息技术处理方面课程的比重和深度均不够，不能适应信息技术发展对会计工作的要求。

在现代信息技术条件下，数据共享、网络传输已成为信息管理的主要方式。鉴于会计信息与生产信息、经营信息在很大程度上已融为一体，在设置会计课程时，必须考虑信息技术环境下处理会计信息的需要。首先，在信息技术环境下，许多会计数据直接从业务数据库中获取，会计信息系统中的账、证、表均存储在数据库中，财务人员在进行财务分析和财务管理过程中需调用相关数据库中的数据，因此，会计人员应掌握数据库系统的工作原理及相关技术；其次，会计信息系统是管理信息系统的一个子系统，它与管理信息系统的其他子系统之间均有数据联系，以实现相互协作，共享数据。在信息技术环境下，会计工作向管理方面的转化及电子商务的出现，要求会计人员必须了解和掌握管理信息系统和电子商务方面的知识。

面对信息技术的飞速发展及其在企事业单位的广泛应用，会计教学中应增设与信息技术相关的课程，如计算机网络基础与组网技术、数据库原理、管理信息系统、电子商务等课程。这些课程是会计电算化专业的必修课。会计专业的学生可以根据其爱好与需求进行选修。在这些课程的教学过程中，不仅应加强学生对信息技术的理解及对信息技术应用的掌握，而且要强调对会计信息系统的分析与设计的理解。

为了适应新世纪的需要，我们认为，该课程的内容应该随着信息技术和审计理论与实务的发展不断完善，通过本课程的学习，使学生理解和掌握计算机审计的对象与内容，计算机会计信息系统的内部控制，计算机会计信息系统审计的方法，掌握计算机审计软件，能够正确地分析计算机舞弊的手段并提出防范建议，为学生未来的注册会计师工作打下基础。

信息技术对财务会计的影响间接反映了网络经济对会计教育培养目标的影响，教育课程必须改革才能与经济环境相匹配。当前计算机教育是课程中的重点，但是它只有与会计专业知识相结合，会计教育才能达到目标。

（二）信息技术对会计教学环境的影响

现代信息技术的应用将为构建新的会计教学模式提供理想的教学环境。当前，中职教育会计教学改革的关键在于如何充分发挥学生在学习过程中的主动性、积极性、创造性，使学生真正成为学习的主体和信息加工的主体，而不是外部信息的被动接收器和知识灌输的对象；教师如何真正成为会计课堂教学的组织者、指导者、促进者，而不是知识的灌输者和课堂的主宰。要实现这样的教学改革目标，就不应离开现代信息技术环境的支持。多媒体计算机的特点为传统会计教学模式的改革提供了良好的教学环境。

1. 多媒体计算机的交互性

多媒体计算机的交互性有助于激发学生的学习兴趣，充分体现学生在教学过程中的主体作用。多媒体教学注重多感官的刺激，通过多感官的刺激所获得的信息量，比单一听教师讲课强得多，更符合人类的认知规律，因而也就更有利于教学效能的提高。多媒体计算机的交互性有利于充分发挥学生的主体性。在多媒体计算机这种交互式学习环境下，学生则可以按照自己的学习基础、学习兴趣来选择所要学习的内容和适合自己水平的作业练习，实现学生学习的自主化、个性化。多媒体计算机的交互性所提供的多种参与活动就为发挥学生学习的主动性、积极性、创造性提供了良好的教学环境。

2. 多媒体计算机的超文本特性

多媒体计算机的超文本特性可实现对教学信息资源最有效的组织与管理。超文本（Hypertext）即是按照人脑的联想思维方式，用网状结构非线性的组织管理信息的一种先进技术。我们要充分利用多媒体、超媒体、超文本等方法表述会计教学信息内容，与学生大脑知识的网状结构相匹配，使教学信息内容走向形式多样化、思维个体化、交叉化和综合化，使每个学生都能根据自己的学习需求，寻找学习专业知识的切入点，并且多层次、多角度地对所感兴趣的问题进行探讨分析，再把各种会计学科知识进行有机的组织和链接，最后系统掌握会计理论与方法。根据超文本的特性，可以按照会计教学目标的要求，把包含不同媒体信息的教学内容组成一个有机的整体。例如，在讲授"基础会计学"时，传统的印刷教材对会计核算程序这部分教学内容只能采用文字表述方法。学生由于对会计职业岗位缺乏了解，对这部分教学内容难以理解。假若我们能深入会计核算单位，用摄像机将单位有关的会计核算工作的全过程包括从审核原始凭证、填制记账凭证、登记会计账及编制会计报表拍摄下来在课堂上插播，辅之以相关的凭证、账表等实物展示，再结合会计核算流程的动态演示，把这些包含不同媒体信息的教学内容组合在一起，就能取得较好的教学效果。

3. 计算机的网络特性和虚拟特性

计算机的网络特性和虚拟特性有助于解决会计教育资源严重滞后于现实需要的问题，有助于培养学生的合作、创新精神和促进信息能力发展的研究能力。

（1）有利于教育信息资源实现共享

利用计算机的网络特性使得教育信息资源实现共享，使会计教学活动的时空限制大大减少。通过建立学院教师教学素材库、学生在线学习资料库和电子作业系统、学生的会计实验软件系统和实验案例库，可以把学院内优质的会计教学资源集中起来，放在学院的会计教育网站，供学生随时随地进行在线学习或下载。利用计算机的虚拟特性，可以创立虚拟化的教学环境，如虚拟教室、虚拟实验室、虚拟校园、虚拟图书馆等，使教学活动可以在很大程度上脱离物理空间与时间的限制。

（2）有助于培养学生的合作精神

利用计算机的网络特性有利于实现培养学生合作精神并促进高级认知能力发展的协作式学习。所谓协作式学习，就是要求教师为多个学生提供对同一问题用不同观点进行观察和分析比较的机会。目前，基于计算机网络环境下的协作式学习主要有讨论、竞争、协同、伙伴和角色扮演等多种形式。例如，教师可以指导一个班级的学生就某一会计热点问题作为主题进行研究。显然，网络就成为同学们最好的学术交流和共享研究成果的平台，每个同学可将收集的资料和自己的研究结论、观点在网上公布，全班通过 E-mail、QQ 进行讨论、通过网络共享资料、共享观点，协调研究步骤，由此推动学生在各自原有基础上深化研究，最后完成自己的研究论文。

（3）有利于培养创新精神和促进信息能力发展的研究能力

利用计算机的网络特性，有利于实现培养学生创新精神和促进信息能力发展的研究性学习。创新能力和信息化会计能力是 21 世纪高素质会计人员的两种重要能力。国际互联网作为世界上最大的、拥有丰富信息资源的知识库、资源库。这些知识库和资源库都是按照符合人类联想思维特点的超文本结构组织起来的，因而特别适合于学生进行基于自主发现、自主探究性学习。学生在国际互联网的知识海洋中可以进行自由探索，对所获取的大量会计学信息进行分析、评价、优选和进一步进行加工，再根据自身的需要充分加以利用，将对学生形成良好的信息素养起到积极的作用。

将现代信息技术与会计教育教学进行有机的结合，将大大优化教学过程，充分发挥学生的学习主动性、积极性、创造性，为学生合作精神、创新能力、信息素养的培养创造最理想的教学环境，而这样的教学环境正是创新会计教学模式所不可缺少的。

第二节 会计信息化人才教育发展现状研究

一、当前会计信息化教育的发展状况

（一）计算机的应用加速会计信息化教育的进程

自会计电算化起步到 21 世纪，会计信息化经历了一个飞速发展的过程。由简单的计算机代替手工记账、算账、报账，到商品化、通用化软件，再到今日的管理型软件发展阶段，会计软件已不再仅仅作为手工记账的替代品，而且还具备了对企业内部的财务资金管理、提供控制决策等功能，进而实现信息的集成化。

当然，信息化的发展离不开适应时代需要的具有综合能力的人才，这样现实的要求使得学校面临着前所未有的挑战。各中职院校要根据社会需求及时调整人才培养计划，转变人员培养方案，加大对信息化系统的投入，调整会计人才培养方向，在会计专业的教学中应设置会计电算化课程。课程教育实现"一人一机"，使每一个会计专业学生都能有机会学习会计软件操作，切实保证会计人才的优化培训。

（二）会计信息化技术课程在各学校中已经广泛开设

会计电算化课程教育更多的是作为会计专业学生的必修课，在课程的学习中，要求学生简单了解会计应用软件的基本知识，进行上机的实际操作，学会进行会计账户的初始化，编制会计分录，依据原始凭证在系统中生成记账凭证，进行审核凭证，转账结账，进行试算平衡，最终将会计信息生成会计报表。通过对软件的学习，初步掌握会计软件的应用，这样有助于以后到企业中更快地掌握技术，熟悉业务。尽管全球信息化使得学校积极努力培养复合型会计人才，以适应社会企业的需要。然而，在会计信息化对人才的高要求高标准下，学校对会计人员的教育问题也初现端倪。

二、会计信息化教育发展中存在的问题

（一）电算化课程学习不够深入

即使学校教学计划中设置了会计电算化课程，但是会计电算化课程的学习内容比较浅

显，大多只是在总账下的账务处理，讲授的实例也多是以工业化企业为核算对象，发生的经济业务较少、较单一，只是简单讲授最基本的业务处理。然而在实际工作过程中的情况远比理论中的复杂，主要有几方面：①会计业务信息的处理涉及的内容广泛，不单单是总账处理系统的业务，企业级会计信息系统还有应收应付账款子系统、固定资产管理子系统、工资核算子系统、通用报表子系统、存货核算子系统、成本核算与管理子系统等诸多系统下的业务处理，但这些都是学生从没实际接触的；②会计核算主体涉及广泛，然而实际上，经济企业单位不都是工业生产企业，工业、农业及服务业等各行各业都要实现会计信息化，并且各类行业不同，企业也都有其特殊的经济核算业务，所以学习时只是以工业企业为例，限制了对学生教育培训的范围，这样不能够更好地迎合社会信息化进程中市场对人才的需求；③一个企业的经济业务也是多种多样，而学习中的经济业务处理多是简化的，所处理的最多也就是几十笔经济业务，甚至达不到一个经济周期发生的业务。所以在教育中，这样的人才培训方式没有减轻企业对职员再教育的压力，学生走出校门后对会计岗位还需要经过一段相当时间的熟悉，才能熟练软件操作。

（二）教学课程的权重分配失衡

现行的会计教学体系虽然已经随着会计制度的改革做出了相应调整，中职院校在会计教学体系方面基本采用"双轨运行"，即一条线是会计专业课程，主要包括初级会计、财务会计、管理会计、成本会计、财务管理等；另一条线是计算机类基础课程，涉及计算机基础、计算机程序及会计电算化课程。但是，在课程设置的比重上严重失衡，前者的课时学分占全部教学任务的近70%，而后者不到10%，尤其是会计电算化课程的课时较少，学生根本不能从课程中学到信息化系统的更多知识。两条线上，课程课时设置之间的差距使得会计专业人才的教学目标偏离了社会信息化对人才的需求目标，最终的教育结果是更多的学生偏重于专业课程，而忽视了计算机应用在实际工作中的重要地位。

（三）对会计信息化实践学习与技能培训的重视程度不够

由于我国会计信息化起步较晚，受科学技术水平、法规制度、理论知识体系等多方面的限制，国内会计专业人才的培养主要都是以会计理论知识为主，辅以实践学习，对会计工作的实际操作及其他技能方面的指导重视不够，培养的会计专业人员大都缺乏在实践中应用理论知识的学习背景。在这种实践学习落后于理论学习的教育模式下，由于外界经济环境的多变，使得培养的人才难免会滞后于会计业务处理环境的变化，尤其是对于没有实际操作经验的应届毕业生。他们作为会计人员从业后，对会计活动认识不深，缺乏现代信息意识，只注重会计的核算，忽视会计分析与会计管理的重要性，缺乏利用信息技术处理信息的感性认识，影响会计信息化发展进程。

（四）会计信息化课程与理论课程脱钩

虽然会计教学的过程中引进了计算机、会计软件等辅助教学设备，但这些毕竟还只是停留在辅助教学的层面上，会计教学没有根本性的创新。会计信息化系统没有深入到理论学习中，没有得到应有的发挥。当前，会计专业基础课程的实践工作更多的仍然是传统的手工做账方式——手工制单、手工记账、手工制报表，而会计电算化知识的学习往往会重起炉灶，脱离会计专业基础知识课程的学习内容，这样的教学结构使得会计信息化技术没有从根本上为理论课程知识服务，理论业务也没有在电算化的实践教学中得到应用，两者的脱钩影响了各自的学习效果。

三、中小企业财务会计的特殊性与会计专业人才培养模式创新

由于中小企业在财务管理和会计核算方面与大企业或上市公司之间存在着较大区别，使其在会计人才需求方面也存在特殊性，这些特殊性主要表现如下：

（一）财务会计核算运行与制度规范有较大差异

中小企业业主对会计工作的无知和误解以及部分业主的独断专行，导致企业的内部核算和内部控制混乱，也干扰了会计工作的正常进行，造成了企业会计核算的实际做法在很大程度上与现行的制度规范有一定差异和背离。其主要问题在于会计核算的反序运行，即以税定账、以税建账、无账运行或套账运行等等，表现为企业各种财务制度的残缺不全或选择性设置。从微观上讲，造成会计信息披露难以客观、公正；从宏观上讲，使国家难以全面真实掌握企业经营状况及税务负担，就难以制定切合中小企业实际情况的管理政策。

（二）中小企业财务会计与税务、债务、内务等方面的关系

一是与税务部门的关系是无法割离的。这使企业的财务会计需要有更多的应税方法和处理技巧。

二是与债务方也存在着理不清的密切关系。除了与银行等金融机构的"官方"债务关系外，还有与各种信用机构或组织的"半官方"关系，以及广泛存在的内外部的民间借贷和私募所形成的债务关系，处理、协调好这些债务关系委实需要企业财务会计人员具有"特殊才能"。

三是与内部管理和利益方的无法割离的关系。与一般股份制企业不同，甚至与国有、

集体企业不同，很多中小企业在经营管理、内部权力结构、外部关系等方面存在大量的利益及其博弈关系。"利益方"关系的存在使企业财务会计在真实信息、会计处理、收益分配、支付管理等方面有很多特殊的内容和方法。这是会计人员在日常管理和业务工作中需要认真对待的。

（三）资金运行和财务会计管理高度统一

我国中小企业的组织结构大多采取独资企业或合伙企业形式，这些企业一般仅有一个（或家族）业主，其组织结构简单，业主往往具有所有者和经营者双重身份，同时拥有企业的剩余索取权和剩余控制权，从而使得以股权广泛分散为特征的现代企业制度下产生的信息不对称问题及由此产生的各种代理问题在中小企业中出现的概率微乎其微。企业所有权与经营权的高度集中，导致"会计乃工具"成为中小企业中的管理层看待会计人员的一致态度和普遍现象，也成为会计信息不真实的主要制度原因。中小企业资金运行和财务会计管理的高度统一，为企业业主的不规范会计管理提供了极大的便利，同时也给企业的发展带来了不良影响。

（四）成本费用分布不均和企业负担沉重

一方面，为应对狭小的市场规模和有限的生产规模，中小企业会不断压低生产运作成本，缩减相关费用；另一方面，由于缺乏融资渠道，造成企业融资成本费用很高。此外，企业社会负担沉重，尤其是资本积累被大量耗用，在相当程度上影响了企业的结构调整和扩大再生产，从根本上影响了企业未来的竞争力。

中小企业财务会计人员与一般大中型企业相比，迫切需要解决三个"素养"问题，即会计人员的"综合"素养——各种财会业务岗位甚至超出财会业务的岗位的职责和能力集于一身；会计人员的"职业"素养——既要适应和正确处理各项企业事务又要忠实于企业运行的实际，既要对老板忠诚又要对其施加影响，既要服从又要具有公正的双重责任；会计人员的"全能"素养——即应对税务、债务、内务、业务的全方位能力，既要有理论与实践的才能又要有灵活与规范的技巧，既要有应对各种日常的会计、管理、核算、信息报告分析等的业务能力，又要有灵活处理小而杂、少而怪的业务事项的本领。这就是中小企业对财务会计人员的真实需求和现实需要。

四、中小企业会计专业人才培养制度创新策略

(一) 重视会计专业人才培养

我国会计人才培养正面临的问题很大程度上在于我国社会经济和教育环境，对会计专业人才素质缺乏应有的认识，是导致我国会计人才尤其是中小企业会计专业人才培养状态不甚理想的重要原因。会计人员应有的素质分为知识、技能和职业价值观三类，同时，职业道德和职业价值观、沟通技能、交流技能和理性思维能力为核心素质。会计专业人才 (会计人员) 的最主要素质分别是商业管理技能、商业管理知识、核心会计知识、个性特征、基础知识和技能。

面对不断变化的社会经济环境和基础教育在创新能力培养方面的不足，会计人才素质培养必须树立创造性教育、终身教育、人本教育和技能教育的理念，从而突出适应中小企业需要的会计专业人才培养模式。

(二) 构建合理的课程体系

按照"宽口径，厚基础，高素质，强能力"的培养思路设计教学方案，改变长期以来注重专业需要和偏重知识传授的做法，综合考虑调整学生的知识、能力、素质结构，改革教学内容划分过细、各门课程过分强调系统性和完整性的状况，加强不同学科之间的交叉和融合。

1. 对会计专业的基础课程应适当压缩整合

避免教材内容僵化和重叠，增加对定义及不同观点的探索。同时，应将中小企业财务会计的内容融入教学中，既要有针对性地讲授，又要为学生的就业打下坚实基础。此外，还可适当选择一些必要的课程作为必修课或鼓励跨学科选修，既不占用太多时间，又可以让学生领略到其他学科知识的精华。

2. 应将学科内容划分为基础课程和应用课程

基础课程应以学生的知识和能力的培养为重点，例如，强化各级别财务会计的学习和运用。应用课程应使学生在学习基础课程的基础上，深化各门类会计、非营利组织会计和运用型会计这类课程的知识掌握。

3. 对会计专业的课程体系进行改革创新

要充分考虑专业知识结构和企业需求结构的一致性。从专业结构上讲，要在基本知识、相关知识的基础上，加大专业知识和专业能力的培养；而在适应中小企业需求方面，要着重在企业成本核算、会计方法及财务会计与税务、债务方面的能力培养，增设税务、信贷、

工商、进出口业务等办理的具体业务课程，并加大基于此的实践能力强化训练；在创新能力方面，注重对中小企业在投融资能力方面和税务实践方面的训练和培训。同时，还要加大对会计方法（包括处置、操作、研究、比较分析等）的教育、养成和启发。改革现有课程体系的核心问题，一是注重能力、应变力和创新，二是注重操作和知识体系。

（三）改进教学方法

教学目标体系的调整并不意味着放弃系统知识的教学，而是要求教师应用现代高科技教学手段与技术组织教学、传授知识，大力推行教学互动类方法。要多层面、全方位地采用"案例教学法""讨论式教学法""实践式教学法"和"创新式教学法"。其中，前三种教学法是典型的互动式教学法。

案例教学法以其先进的理念、富有启发性的教学方法在 MBA 教育中得到了广泛的应用，由于其具有针对性的实施方式，成为现代管理培训中一种不可替代的重要方法。案例教学法的应用要求在学生学习和掌握一定会计理论知识基础上，将会计案例引用到教学中，通过教师的引导、分析、对案例中的会计问题或困惑找出解决方案并要求形成书面报告，最后由教师进行评述和归纳总结。通过这样身临其境的体会，深化学生对理论问题的理解，增强他们分析与解决实际问题的能力。

讨论式教学法应用是在教师主导下，通过设置若干与课程相关的问题并引导学生思考，促进学生自觉主动地参与教学过程，加强师生之间和学生之间的对话交流并促进教学的一种互动式教学方法。会计课程的理论与概念比较抽象，通过讨论式教学的交流与讨论，可加深学生对概念与问题的理解，达到对知识的融会贯通。讨论式教学法作为教与学的一种重要方式，是一种教育理念，是新的人才培养模式，也是培养学生创新意识和创新思维的重要手段。

实践式教学法是在教师的带领指导下，进入有关合作单位进行实地调研学习，或邀请有关合作单位的专业人员到学校进行交流教学。会计是一门实践性很强的学科，理论教学和实践密不可分，实践式教学法可有效地沟通学校和企业，特别是有利于解释中小企业财务会计的特殊性。教学实践证明，实践式教学法在会计教学中非常受欢迎。

创新式教学法是由教师将中小企业会计和财务运行过程中的大量实际问题用互动式来解决，让学生知道在实践中存在什么实际问题和应当如何解决这些实际问题。"寻求解决方案"是这种教学的最大亮点。让学生根据所学专业知识自行去实践、发现、识别、讨论、解决、验证，然后再由教师综合汇总，进行对比分析，将创新思路、创新知识、创新方法、创新内容始终放在专业教学的中心位置。

（四）构建科学的人才质量评价体系

现在的会计专业人才都是由各个学校自行教学、考核。事实上，各个学校在人才培养目标定位、教学体系安排、教学资源配置上都存在着很大的差异。因此，有必要改进人才评价标准，建立统一的人才质量评价体系。这个评价体系应包括会计人员的职业道德、知识结构、素质能力三大内容。该评价体系将对会计专业学生的培养模式创新起到积极的导向作用，并有助于用人单位对会计人才的选用和评价，适应中小企业发展的专业人才需要。

（五）创新和改善教学团队体系

教育者自身应当具备相应的素质、经验和能力。教学队伍必须精通至少是熟悉中小企业财务会计的业务活动，否则就是空谈。要解决这一问题，需要加强教师培训和师资队伍建设。

其中，突出的应该是教学团队的组成。要聘请适合教学的中小企业经理、财会人员进教室、进课堂，通过经验进行教学，在教育学生的同时，还能够对教师进行培训，是学校专业教育中一个新的选择和创新。

从育人方面讲，要通过中小企业的案例和样本来进行现场教学和指导，尤其是把会计核算、外部会计事项、财务管理中的难点等作为案例直接引入课堂，让学生面对、体会、讨论和尝试解决，在此基础上再进行有针对性的专业教学和考核。当然，这也是一个系统工程，不仅涉及教师、教材、教学安排，还涉及整个教学体系管理制度的改进完善。

第三节　会计电算化课程的教学目标

一、当前会计电算化教学目标确定中存在的问题

（一）课程设置目标定位不正确

教育目标一般要受教育观、知识观、思维方式、经济环境、经济发展水平等因素的影响，而一门课的设置目标则服从专业培养目标的需要，教学目标决定于课程设置目标。目前不同中职院校尽管对会计类各专业的教育目标有不同的叙述，但本质并无差异，在此不再赘述。会计电算化教学目标的确立是建立在会计电算化课程在专业课程设置中的地位和作用基础之上的，确立会计电算化教学目标首先要确立课程设置目标。

会计电算化课程设置目标因专业不同而不同，不同的会计类专业培养目标不同，会计电算化课程设置目标也不同。目前大家仍习惯于将它视作一门边缘学科。认为设置这门课程的目的就是既要学会会计知识又要学会计算机知识，教会学生如何逐一分模块地去设计、编写程序，基本上都作为一门以计算机教学为主、会计教学为辅的专业课程。这样就导致各个会计类专业课程设置目标不同，没有真正确立该课程在专业课程设置中的目标，直接导致会计电算化教学目标不明确。

（二）课程体系框架尚未成熟，课程设置缺乏正确的参照体系

会计电算化作为会计学专业的一门课程，为我国会计电算化的普及做出了突出的贡献。但由于缺乏权威性研究与规范，各学校在教学内容和教学方法上存在很大差异。各学校在教材的使用和编写方面仍未达成共识，导致缺乏相对稳定的课程框架，使大家都难以准确地掌握课程框架，实现教学目标，严重影响教学质量。从目前教材内容来看，会计电算化教材大致有以下几种类型：

第一，开发型偏重信息系统的设计理论与技术。主要介绍会计信息系统的开发方法与主要功能模块的处理模型、数据模型、程序编制及开发工具。

第二，实务型偏重会计软件功能与操作方法的学习，一般以某种国内比较主流的会计软件为基础，分模块介绍各子系统的功能及系统设置、日常处理、账表输出等会计软件操作方法。

第三，综合型在介绍主要会计软件基本操作的基础上，介绍会计信息系统的基础及开发技术，分析主要功能模块的处理模型与数据模型及会计软件的实施与管理，在此类型下又可进一步划分为以实务为主的综合型和以开发为主的综合型。

无论哪种类型的教材都存在几个很大的缺陷：

1. 教材框架体系尚须完善

教材良莠不齐，各教材之间的内容差异很大，尚未形成较为成熟的框架体系。在现有的教材中，存在实用主义和纯理论两个极端，没有根据教学目标的要求编制专业适用的教材，从另一个方面也影响了会计电算化教学目标的确立。实用主义忽视了会计电算化的理论基础，降低了对学生的理论要求；而过于理论化又脱离学生的实际接受能力，使学生感到乏味。

2. 教材适用专业不明确

这些类型的教材似乎都是万能的，它们要么表明它们适用于不同的会计专业，要么没有解释其适用范围。一般来说，不同的专业培养目标不同，相同课程在专业课程设置上的

目标是不同的，其教学目标也是不同的，因而对教材内容的要求也有所不同。

二、会计类专业会计电算化教学目标探讨

根据会计电算化教学目标的相近程度，我们把六个专业分为三类进行会计电算化教学目标的探讨：会计电算化专业；会计学专业、财务管理专业和理财学专业；注册会计师专门化专业和审计专业。

（一）会计电算化专业会计电算化教学目标

会计电算化专业的学生不仅要掌握主流财务软件的操作，还要了解会计电算化的操作原理和过程，懂得会计信息系统的分析和设计，更重要的是会开发会计信息系统，能参与会计信息系统开发的全过程。因此，对于会计电算化专业来说，会计电算化是专业的核心课程，就是要在计算机知识、会计知识、软件、工程知识学习的基础上，主要教学目的就是如何去分析和设计会计信息系统，要教会学生如何利用当代先进的管理思想和科学的系统开发设计理念进行会计信息系统的开发设计和维护。

（二）会计学专业、财务管理专业和理财学专业会计电算化教学目标

无论是会计学专业还是财务管理专业，专业培养目标都是培养出具有良好综合素质及较广泛的专业基础理论知识，具备会计业务基本能力、较强专业技能的高级财会和财务管理专门人才。

在这两个专业中，会计电算化这门课的定位仍然是一门会计专业课，是以会计为主要的教学导向，计算机教学处于相对次要的地位。主要教学目的绝不仅仅是要教会学生如何设计模块，编写程序，而是要让学生在把握当代先进管理思想的基础上，形成科学的会计信息系统设计理念，对电算化会计业务流程有一个完整的概念；此外还要熟悉相关的法律法规，能较熟练地操作与比较各个主流的会计软件。因此，会计电算化教学所涵盖的内容为：系统设计理念＋计算机＋会计知识＋管理思想＋会计软件应用。此外，因为会计学专业和财务管理学专业中职生大多并不具有良好扎实的计算机专业基础，因此会计电算化的教学要以系统开发设计原理为主，软件应用次之，程序开发最末。

（三）注册会计师专门化专业和审计学专业

这两个专业都是培养具有系统的审计理论知识，掌握较全面的审计实践规律，拥有基本的审计实践技能，熟悉有关经济法律法规，掌握宽广的经济管理知识，审计方面的高级复合型、应用型人才。

与专业培养目标相比，会计电算化课程设置目标和教学目标在这两个专业中极其相近，对于这两个专业来说，主要就是为开展审计工作和其他相关工作打基础。因此，对这两个专业来说会计电算化的教学目标就是主要从审计的角度出发，让学生理解会计信息系统开发的基本原理、总体结构和流程，了解中外主流财务软件中各系统的总体结构设计与功能，为以后的工作打下良好基础。另外，还要顺应信息时代的潮流，及时补充更新教学内容。

三、会计电算化教学目标的层次性

在确定专业教学目标后还应明确，在同一教学目标下，也可以将其划分为不同的层次，也就是说，会计电算化教学目标具有层次性。一方面，这是社会发展的需要；另一方面，也是学生个体发展的需要。学生的兴趣爱好不同，对会计和计算机知识的掌握程度不同，志向不同，从学生本身来说自己学习会计电算化有不同的目标。

对于会计学专业的中职学生，根据社会需求、个体差异和教学目标，可以把他们培养成为几类电算化人才，其中包括系统分析、设计人员；系统维护、管理人员；系统操作、数据录入人员等。相应地，我们可以根据会计电算化课程的培养目标差异性，划分为初级操作人员、中级维护人员、高级设计人员三个培养层次。其中，初级操作人员阶段培养目标主要应是培养学生对财务及相关软件的实践操作能力；中级维护人员阶段培养目标主要是培养会计电算化系统管理、系统维护人员；而高级设计人员阶段则主要是培养高级的系统分析、设计人员，以满足会计软件的开发研制等需求。学校应该根据教学目标，相应调整课程体系设置和教学内容。

总之，在会计类专业的会计电算化教学中，最重要的是根据专业培养目标确定课程设置目标，进而确定教学目标。但教学目标的确定并非解决了所有问题，它仅仅对教学内容、教学方法手段和师资队伍的配备等方面起到指导作用。会计类专业会计电算化教学的顺利实施要围绕教学目标来组织教学内容，确定合理的教学方法和手段，并配备相应的师资，这是在明确教学目标后要做的事情，只有这些做好了才能实现教学目标，二者相辅相成不可偏其一。

第四节 大数据时代下会计人才培养

一、大数据时代对会计人才培养的影响

（一）大数据时代下会计信息的特征

1. 全面性

大数据的"大"强调的是数据的多、广及全面。在过去的数据分析中，因会计及相关信息不足，导致出现利益相关者的偏差分析。但是，在大数据时代下，会计大数据可以做到从多样的信息中提取出有价值的信息来快速处理。因此，大数据时代下，对会计信息完整性要求更高。

2. 多样化

大数据时代下，会计信息除了结构化信息外，还有很多非结构化的信息，表现形式除了文本形式，还有大量的音频与视频等格式的。以往无法解决信息的格式统一问题，使得会计信息分析有缺失现象，以及分析结果可信度降低。而现在的大数据技术可以有效地解决数据多样性的统一问题。

3. 实时性

传统的会计信息数据主要是对过去事项的反映，使得利益相关者的决策存在滞后性。大数据时代下，大数据技术可以凭借快速抓取数据、处理及分析数据的强大优势，能对海量的信息做出实时的分析。因此，为使利益相关者做出更加及时准确的决策，对会计信息的及时性提出更高的要求。

大数据时代下会计信息特征的全面性、多样性和实时性的变化，必然影响会计人才培养的知识广度和深度。也就是说，全面、多样和实时的会计信息数据的获取对教育主体和教育客体都提出了更高的要求。

（二）大数据时代下会计数据处理的转变

1. 核算型到管理型的转变

随着"财务机器人"的发明，对传统的会计核算产生重大的影响。大数据技术与会计职业的融合，使得传统的会计从核算型转变到管理型。同时，这对会计教育改革产生了重

大的影响。

2. 成本核算准确性增强

传统成本会计核算中，因成本定额数据搜集难度较大，导致如作业成本法、标准成本法等制定出的成本的准确性受到一定的影响。现如今，由于大数据技术搜集的成本相关数据更加全面与准确，使得成本核算的结果也更加准确。

3. 从事后补救向事前干预的管理转变

管理会计与财务会计的最重要的区别就是可以进行事前的规划及预测未来业务的发生。大数据时代下，单位管理者不再被动地应对事件发生后去寻找可能的原因，而是运用大数据获取数据和处理分析数据的先进技术，从而可以有效预测事件的发生，进行有效的事前干预。这也会促使会计人才培养从财务会计型到管理会计型的转变。

大数据时代下会计数据处理中核算型到管理型的转变、成本核算准确性增强、从事后补救向事前干预的管理转变内容，使得在会计人才培养目标的设定、课程的设置等方面必须将大数据与专业知识进行有效的融合，促使大数据技术在管理中发挥重要作用。

（三）大数据时代下会计人才能力需求的改变

1. 数据挖掘、分析及处理能力的需求

大数据时代下，要求会计人员不仅掌握基本会计理论及技能，还要掌握数据挖掘及分析处理能力，即原始数据的收集、管理、分析和运用，以及利用大数据分析方法进行数据挖掘、分析及处理能力。因此，大数据时代下要求会计人员学会数据的搜集方法、系统分析数据的方法（如回归分析法等），同时要求利用大数据会计处理系统及数据分析软件进行建模，力求将数字变成数据，数据变成信息，为单位管理者提供有价值的信息，提升管理水平。

2. 复合能力的需求

大数据时代下，要求会计人员具备多种技能，增强自己的复合能力。大数据时代下，随着海量数据的公开与透明，一方面，公允价值的信息更容易获取；另一方面，会计的计量单位除了传统的货币计量单位，还出现了多种计量单位，这必然要求会计人才培养中应该紧密结合国家财经法规、准则及制度的变化，加强自身对新政策内容的了解和应用能力。

3. 管理分析能力的需求

针对会计专业知识更新快、大数据知识难度大的特点，更需要会计人员能从基础会计核算工作中解放出来，提升自己的管理分析能力。这必将对会计人才培养提出新的要求，需要培养能解决大数据时代下各种复杂问题的会计人才，能利用大数据技术对单位进行运营风险的分析与评估，为利益相关者做出正确的决策提供支持。

大数据时代下数据挖掘能力需求、分析及处理能力需求、复合能力需求、管理分析能力需求的变化，促使会计人才能力培养目标改变，需要在会计实践中融入大数据的平台及软件系统的操作，在提高会计人才的复合能力、管理分析能力的同时，掌握数据挖掘、分析和处理能力。

三、大数据时代会计人才培养中存在的问题

（一）培养目标——目标与大数据要求未完全接轨

传统的会计人才培养重视知识的传授与学习的结果，弱化了知识、能力、素质的有机统一。大多数学校的会计人才培养目标还没有与大数据时代要求完全接轨。由于大数据给会计职业带来的影响比较大，导致会计人才培养目标还未能与之相互配套。当然，很多学校目前处在修订培养目标的过程中。但是，如何将培养目标与大数据时代要求相匹配，如何培养学生的大数据挖掘能力、分析和处理能力、综合能力及从核算型转变到管理型等能力，需要培养目标制定时将这一"轨道"确定清晰，否则不利于培养适合社会需求的会计人才。

（二）课程体系——会计专业课程的设置过时

专业培养目标制定的"轨道"是否先进，决定着课程体系的先进性。目前，大多数的学校课程体系中还是侧重于会计基础、会计核算等内容，会计电算化或会计信息化课程也仅仅是让学生进行财务软件的操作。目前，我国学校会计专业课程设置处于三种情况：一是部分具备硬件设备和师资等资源条件的学校，对课程确实进行了颠覆性的改革与创新，但过多地强调了大数据技术层面的内容，专业性弱化太多；二是部分学校正在试图致力于嵌入大数据的相关课程，但仅停留在扩展知识面的层面，未达到大数据与会计的深度融合；三是还有部分学校确实意识到大数据技术的重要性，但是基于硬件设施、既懂财务又懂计算机的跨界师资及资金不足等条件的制约，无法完善课程体系。大数据时代下，未来会计人才的需求是需要具备会计大数据的挖掘、分类、处理、分析和决策的综合能力，然而目前大多数学校的会计专业课程体系并不能完全满足社会的实际需求。

（三）教育主体——教师知识结构更新不及时

教师作为教育的主体，不仅个人能力影响着人才培养的效果，而且其教学、科研等综合能力的高低也直接影响着会计人才培养的效果。致使会计专业教师知识结构更新不及时

主要有两个原因：一是客观原因。传统的会计专业教师对会计专业理论基础知识的掌握非常扎实，但是面对每年急速变化的会计准则、内控新政、税法新政，专业知识极有可能更新不及时，更何况要了解大数据、云计算等这些新技术的内容。这也就更无法做到将大数据的技术知识融入知识体系当中。另外一个客观原因是学校对教师的考核评价机制导致的。由于学校目前还是将科研成果作为职称晋升的重要考核标准，这就使得教师更愿意投身于科学研究，而对教学的投入不足，也就缺乏更新专业知识和大数据技术等知识的动力。二是主观原因。若要实现会计专业课程与大数据的有机融合，必然对教师的要求会非常高，也就是说在精通专业知识的基础上，还要投入大量的时间与精力研究大数据与会计专业知识如何融合的问题。这需要耗费很大的时间和精力，但是大部分教师从自身发展的角度来看，缺乏投入学习大数据与专业知识融合的积极性。

（四）教育客体——学生学习理念缺乏转变

学生作为教育的客体，在学习主动与被动的理念上缺乏转变。我国不同学校的学生层次不同，导致这种主动学习的积极性也不同。因此，即便开设了融合大数据的会计课程，也会导致不同层次的学生理解和掌握程度不同，影响最终的培养效果。

（五）实训实践——会计实践教学融入大数据的程度不足

会计是一门实践性很强的学科。目前，很多学校的实训实践主要包括以下四种类型：一是校外顶岗实习。这是最能真实运用会计理论知识的一种实训实践形式。但是由于单位会计信息的重要性，致使这种真正的顶岗实习在实践中不能完全实现。二是校外集中实践。这是一般由学校组织到具有会计培训资质的单位或者到签约实习基地，进行集中的会计实践，但是这种方式依然侧重于财务软件的操作，缺乏大数据技术的学习与实践。三是校内模拟实验。这是大多数学校依然保留的一种实训实践形式，即在校内组织学生进行手工模账或者电脑模账，但是依然是一种未融入大数据的实训实践模式。四是分散实践。大多数学校采用的方式是分散实践，即让学生自主联系单位进行实训实践。但是这种基本都流于了形式，大多数的学生没有真正参与单位会计的实训实践，更不用说大数据技术的应用了。

四、大数据时代下全新会计人才培养模式及实施建议

针对大数据时代下会计人才培养中存在的问题，我国学校及专业培养机构应探索全新会计人才培养模式，培养符合新时代需求的会计人才。

（一）培养目标——"四位一体目标"确定培养的正确轨道

1. "四位一体目标"的内涵

近年来，随着国家对学校"三全育人"战略目标的提出、"课程思政"新型教育模式的出现、大数据时代对会计人才新的能力和素质需求，使得会计心商、会计财商和会计德商显得尤为重要，传统的实现会计智商、情商、逆商的终极目标已经不能满足社会需求。若要培养出适应大数据时代的会计人才，需要首先将大数据融入"知识、素质、能力、三观"四位一体的创新性培养目标，最终实现培养学生会计智商、会计情商、会计逆商、会计心商、会计财商、会计德商的"六商"终极目标。

需要重点解释的是，新提出的会计心商、会计财商和会计德商的"三商"理念。会计心商是指会计人员处理重要会计工作时维持良好心态和缓解心理压力的能力；会计财商是指会计人员的理财能力，特别是投资收益能力，尤其指为单位的理财能力；会计德商是指会计人员的道德人格品质，包括尊重、诚实、负责、忠心等美德。"三观"是培养学生的人生观、价值观和世界观，如可以通过思政课程和课程思政等协同渗透至四大课堂来培养实现（具体培养路径如表3-1）。

表 3-1 大数据时代下会计人才培养的创新目标

高级目标	人生观、价值观、世界观				
	↑				
	会计智商、会计情商、会计逆商、会计心商、会计财商、会计德商				
中级目标	↑				
	诚实守信、熟悉财经法规、遵纪守法、保守秘密				
	↑				
	专业能力、大数据信息技术能力、沟通能力、创新能力、领导组织能力、职业适应能力				
	↑				
初级目标	综合知识（融合大数据）				
	通识教育	学科教育	专业教育	社团竞赛	实践环节	网络实践
	公共基础课及选修课	学科基础平台课	专业核心课 大数据技术课 融合大数据专业课	社团活动 专业学科竞赛 融合大数据的学科竞赛	社会实践集中实践	网络会计实践平台 大数据会计信息平台
	第一课堂			第二课堂	第三课堂	第四课堂

2. "四位一体目标"的实施建议

围绕"知识、素质、能力、三观"制定具体培养目标，通过对培养目标进行内外部的合理性评价来确定最终的会计人才培养目标，进而根据培养目标确定毕业要求，根据毕业要求再确定课程体系，进行环环相扣的具体设置与操作。只有保证最初的会计人才培养目标的科学合理性，才能保证满足毕业的要求、课程设置的科学性。

需要注意的是，培养目标的制定依然在不能偏离掌握原有会计核心知识的基础上，从第一课堂到第四课堂加大培养学生应用大数据的能力，使学生真正适应大数据时代潮流，培养核算与管理兼备的复合型会计人才。大数据技术目前已经渗透到各行各业当中，这必然促使各个行业都需要完善传统的培养目标。我国会计专业人才培养目标的制定既可以借鉴国内外会计行业的培养目标，也可以借鉴国内外其他行业的培养目标，从而不断完善培养目标。

（二）课程体系——"两大类课程深度融合"助力培养目标的落地生根

1. "两大类课程深度融合"的内涵

大数据时代下，会计人才培养的课程重点应该是"两大类课程融合"的创新。具体应该包括传统专业课程、大数据的创新课程和嵌入大数据的专业融合课程。具体来讲，一方面，设置原有会计核心课程，突显会计的"专业性"。在课程设置上，应保留设置会计专业核心课程，如财务会计类课程（如初级、中级、高级财务会计等）、财务管理类课程（如初级、中级和高级财务管理、财务报表分析）、管理会计类课程（如管理会计、全面预算等）、审计类课程（如审计学）、法规类课程（经济法、税法等），充分体现会计专业的技术性和专业性特点。即便是大数据时代下，会计人才会运用到大数据的会计系统，但是这些系统的研发离不开企业会计准则、税法、审计准则等内容，因此，不深入学习和掌握准则及财经法规等内容，是无法理解大数据技术下信息系统处理数据的经济实质。另一方面，在传统课程的基础上，增加大数据类的创新课程及融合大数据的会计专业课程，如数据挖掘、数据分析、机器学习及应用、大数据与财务决策等课程，充分实现大数据与会计专业课程的深度融合，培养学生收集数据、处理数据和分析数据的能力。

2. "两大类课程深度融合"的实施建议

为了实现前期设置的培养目标及毕业要求，培养适应大数据时代的会计人才，课程的设置显得尤为重要。应将企业引入课程设置与课程大纲制定中，更好地实现校企的深度融合，培养适合企业的会计人才。具体实施过程中，一方面通过校企合作开发"大数据+会计"相融合的课程及教材，增强课程的实用性；另一方面通过校企合作制定课程大纲，将会计实践内容直接转化为理论课程讲解的内容，增强课程的实用性。

（三）教育主体——"三出三进策略"优化会计教师资源

1."三出三进策略"的内涵

大数据时代下，对会计专业教师提出了更高的要求，即教师不仅要有深厚的会计知识，还要了解大数据的相关知识。学校可以采用"引育结合"和"跨界融合"的方式优化教师资源，具体可以采取"三出三进策略"。一方面，引进具有计算机背景及了解会计知识的综合型教师，不过具有双知识背景的人才还是比较少的；另一方面，就是将会计专业教师培育成既懂会计又懂大数据技术的"跨界融合"的综合型教师，这可能是相比较前一种更有效的实现路径。会计专业教师实现真正的"跨界融合"的有效措施是"三出三进策略"。

该策略具体就是指会计专业教师走出学校，走进企业学习及实践大数据技术，将企业请进学校进行大数据实践交流，将企业大数据实践平台引进来进行实践操作交流。

2."三出三进策略"的实施建议

"三出三进策略"的具体实施主要从两方面进行：一方面定期派会计专业教师在国内外学校或者企业学习大数据挖掘及分析技术，参加各种大数据相关会议进行科学研究，以便开发适合我国现状的大数据会计信息系统。同时还可以走进企业帮助企业进行大数据会计系统的建设，增强自身的实践能力。在这个过程中，也让学生参与进来，了解学生的学习需求，充分实现互动教学。另一方面，通过将大数据专家、有成功运用大数据技术的企业及大数据会计信息系统请进校园，可以让教师与专家、企业进行充分的交流，同时搭建教师与学生之间互动的桥梁，加强与学生的交流，鼓励学生参与到企业大数据会计信息系统的运用、开发与实践当中，参与原始数据的采集、清洗、分析和处理，通过大数据技术合力为企业寻找风险点，为企业提供有价值的建议，真正为企业创造价值。

（四）教育客体——"四大课堂协同发展"培养学生大数据思维

1."四大课堂协同发展"的内涵

学生学习理念转变和大数据思维的树立可以通过"四大课堂协同发展"来实现。第一课堂通过通识教育、学科教育、大数据深度融合专业教育的培养，让学生具有大数据的理论知识。第二课堂主要是指学生参加学科竞赛及社团活动等。目前，很多会计专业的学科竞赛均是融合大数据技术的比赛，鼓励学生积极参与学科竞赛。第三课堂主要指学生走出学校，进行社会实践或者去学校组织的实习基地集中进行实践活动。让学生走出学校，走进企事业单位感受会计知识和大数据知识的真正应用过程。第四课堂主要指的是网络课堂。

以前学者更多强调的是三大课堂的重要性，其实在信息发达的时代，网络课堂也是学生应用会计专业知识和大数据知识的好课堂之一。通过四大课堂的协同发展，一方面可以使学生实现从被动学习到主动学习的转变，另一方面可以培养学生的大数据思维，从而为未来上岗工作发挥重要的作用。当然，随着国家会计改革的不断推进、会计准则制度的不断出台，要求会计人员终身学习。

2. "四大课堂协同发展"的实施建议

"四大课堂协同发展"具体实施中，第一课堂可以采取"全过程考核"机制使学生牢固掌握大数据知识。具体来讲，可以从课前预习观看慕课视频或者案例视频，激发学生学习大数据及融合会计相关知识的兴趣，课中鼓励学生积极参与课堂讨论及核心知识点的试讲，课后通过作业及课后思考的研讨达到巩固知识的目的。教师可以根据学生课前、课中和课后的"参与度"全过程评价学生，而且增大过程评价的比重，打破以考试作为主要衡量学生学习效果的传统。第二课堂方面，学校可以为此设定学分，这样可以让学生将会计和大数据的相关理论知识在学科竞赛等中进行很好的应用。第三课堂方面，除了学生自主联系实践单位外，学校还可以充分利用所签订的实习基地让学生感受实践中的会计知识和大数据知识的应用。第四课堂方面，随着我国移动互联网的强势发展，手机、平板和电脑成为学生必备品，所以可以充分利用网络课堂，给学生推荐一些企业的实践平台以及大数据会计系统研发的案例，让学生的理论知识迅速地与实践相融合。

（五）实训实践——"五大实践联动策略"实现理论与实践深度融合

1. "五大实践联动策略"的内涵

大数据时代下，会计人才培养中实训实践的培养显得尤其重要。可以采取"五大实践联动策略"来实现会计理论与实践的深度融合。会计是一门实践性很强的学科。因此，会计专业实训实践平台的构建显得尤其重要。会计专业的实训实践至少包括学科竞赛及学生创新企业项目的会计实践、会计模拟实验、签约实习基地的集中实践、社会分散会计实践四大类实践活动，其中会计模拟实验一般包括手工模账和电脑模账两种，签约实习基地的集中实践包括参观实践和顶岗实习，社会分散会计实践主要是学生根据自己的兴趣寻找可以进行会计实践的单位。当然，传统的四类实践确实在培养会计人才的专业知识和大数据知识应用方面发挥了重要的作用。也可以创新性地将企业的会计大数据实践平台引入学校，即为第五大实践类型。

2. "五大实践联动策略"的实施建议

一方面可以在会计模拟实验及其他实践方面进行创新。如会计模拟实验方面除了可以使用现成的财务软件等进行实验外，还可以引入会计与大数据融合的虚拟仿真平台进行会计模拟实验，可以根据每所学校的特点及需求与软件公司合作开发虚拟仿真平台，这样的实践针对性非常强。另一方面，为了解决疫情防控下会计学生实践的安全问题，做好第五大实践活动，需要直接将企业引入学校，直接利用企业的财务共享平台、财务共享沙盘，或者聘请企业"大数据＋财税审"专家直接运用他们所在单位的财务大数据、税收大数据和审计大数据平台，充分让学生参与实际案例的操作，让学生在学校感受大数据与会计的融合实践，也让学生真正参与"大数据＋会计"的实践环节。

第四章 会计的教学发展

第一节 会计教学环境分析

任何形式的教学活动都会受到相关外部条件的影响，我们将这种外部条件统称为教学环境。而会计教学的相关外部条件之间相互影响、相互制约，形成了一个纵横交错、复杂的网络，从而对会计教学活动的展开产生了深远影响。在知识经济时代，经济全球化的步伐从未停歇，而互联网的普及又使得会计教育环境具备了因素复杂、变化迅速的特点。在这样一个大的时代背景下，会计教师只有快速适应环境变化，并制订适合的培养计划，着重对学生的适应、应答及创新利用能力进行培养，才能培养出符合市场需求的新型人才。在当前环境下，会计教育的开展应对以下几方面的因素加以注意：

一、社会环境变化

经济基础决定上层建筑。社会经济环境的发展为会计行业的生存提供了必要的土壤。在企业对自身运行机制及管理模式大变革的同时，会计行业也逐渐将其涉猎范围由简单提供财务服务，扩展到能为企业破产、兼并、租赁等活动提供相应服务；而其服务内容也增加了投资、网络交易、三方交易等方面。会计行业的这些变化都是在生产力发展促进生产方式发生转变的基础上实现的。换句话说就是，物质资料决定生产方式。21世纪，我国对政府与企业之间的关系逐步调整，政府职能更加注重增加社会福利，完善社会保障，并将环境保护作为国家经济进一步发展需要首先解决的问题。在这样的努力下，我们有理由相信我们的生活环境将会逐渐改善，社会教育环境也会逐渐净化。

与此相适应，随着互联网经济和网络银行等一系列线上交易的开展，有关环境保护、社会福利、社会保障等方面的会计学知识将进一步完善，并逐渐成为占领学校会计教学内容的重要组成部分。

政治环境是一个国家在一定时期制定的各项路线、方针、政策和整个社会的政治观念，它属于上层建筑范畴，会对会计行业的发展产生直接影响。不同的国家政权不论是在市场资源配置和管理的要求重点还是在社会财富的衡量标准、财务的计算处理方法，都是与国家政治体制相适应的。随着市场经济体制的确立，改革开放进程的加快，金融市场更加重要。在我国金融市场不断发展、产业资金与金融资金的联系日益紧密的现实条件下，金融资本对经济发展的影响力不断扩大。与之伴随而来的是银行会计、保险会计等日渐重要的会计形式，也成为会计教学的主要内容之一。

二、经济全球一体化

在世界经济逐渐成为一个紧密整体的今天，全球的商品、信息、技术和服务等资源都以实现全球资源的优化配置为目的而自由流动。世界卫生组织是以实现经济一体化而建立的全球性组织。会计行业在经济全球化的进程中扮演了推动者的角色。会计与音乐一样是没有国界的，因而可以作为商业交流的专用语流通于各国。然而国际会计准则之间的巨大差异成为经济全球化发展的巨大绊脚石，它不但会增加资金消耗浪费资源，同时也会在各国贸易时引起纷争。因此，制定一个国际共同认可的会计制度与准则势在必行。世界经济全球化是推动会计行业国际化的原动力，而全球化又对我国会计教育的发展提出了新的要求。跨国公司的大量涌入及其适应性的生存策略，对我国相关人才的需求也提升了很多档次。全能型国际人才日益成为市场需求的主流。在这样的全球形势下，国外教育机构纷纷采取优惠政策吸引中国学生出国深造；与此同时，国外企业在中国办学的限制也逐渐宽泛，从而对我国教育行业造成了激烈的竞争。而会计资源的争夺又给我国会计教育事业的发展提供了新的契机。我们可以将国外成功教学经验与我国的具体国情相结合，制定适应我国的会计教育发展策略。

随着经济全球化的深化，克服因国家之间社会背景及经济、政治背景不同所造成的会计准则与规范的差异，摆脱束缚国际通用语言会计发展的羁绊，以增加会计信息的可靠性，推动会计国际化，降低交易成本，进一步推进国际贸易的开展，已经迫在眉睫。因此，有必要从国际角度对会计行业的语言障碍进行交流调整。经济全球化的背景下，经济危机也全球化，一个国家的财务危机很容易波及另外的国家，也就是说国际环境日益复杂，也增加了会计改革的迫切性。在日益发达的科学技术强有力的支持下，我们有理由相信会计国际协调一定会取得有效的进展。

三、信息技术革命

全部社会经济的运营模式形成彻底性改变，得益于成长的现代信息科技，其核心是网络、通信与计算机科技。第一，会计信息体系依托于现代信息科技，它是高功率、智能化的信息治理体系在网络环境平台上创建的，它不仅能够高度分享会计信息，把会计信息体系改变为一个开的体系，并将其计算的职能拓宽为治理与掌控职能"，这两字应为"的职，而且能够深度自动化处置会计事务，并及时和自主上报会计信息。第二，会计主体传统的金字塔式组织构造将在信息科技的推动下被新的网络组织所代替，中层管理将渐渐淡出历史舞台，而下层与上层的关系更为直接密切。如何创建能准确监察和反映公司经济行为这一问题必然会随着变化的会计主题而提出。会计受现代信息科技的影响一定要与会计教学相符合，对教学方式、手法、内容实施相应的变革。

四、知识经济的发展

在当今以知识为基础的经济社会发展中，人类的知识储备和对有关信息的创造利用越来越发挥举足轻重的作用。换句话说就是，人类的智慧在经济竞争中的地位越发重要，知识就是生产力。中国科学院在有关知识创新的调研中指出：有关证据指出世界经济合作与发展组织主要成员国经济发展的主要动力是知识。知识已经成为经济发展的主要生产力之一。同样，在知识经济的时代背景下，会计行业的生存环境也做出了相应的调整适应。财务工作者需要适应时代需求不断更新知识储备和工作技巧及手段，以期能真实地对经济真实发展情况做出反馈，从而为国家和经济社会的发展培养更多优秀的会计专业人才。

在知识经济社会中，虽然依旧有工农业的存在，但越来越多的人参与到新型经济中，其主要特点之一就是投放无形资产，提供越来越多的高回报的服务性业务种类与工作职位。这不单为会计的职场功能的充分发扬供给了宽广的空间与极好的机会，也为变革会计教学供应了充足的经济支撑与物质保障以及创建了优秀的环境。知识经济时代发展的信息科技为创新会计教育方式与教育手法提供了技术支撑，会计教育方式会被衍生的信息科技工具所完备与充足，而会计教育的基本手法则为网络与计算机科技。

五、教育机构的竞争

在全球化的今天，竞争日益激烈，竞争的领域也逐渐延伸到了教育界。在这样的社会潮流背景下，国内学校兴起了与国际相关组织合作的高潮。在会计行业主要表现为将国内的学历教育与会计资格证的国际认可相结合，一方面有机会培养出国际认可的专业技术人员，另一方面在一定程度上对我国会计教育的落后局面也有一定的改善。而且中国学员众多，市场广大，也吸引了许多国家纷纷为中国学生亮起了绿灯，并制定了如放宽签证条件等一系列的优惠政策。而与此同时，我国对在华兴办教育的条件也做出了相应的调整，以欢迎更多的国家来中国兴办教育。在这样的历史条件下，本土的教育机构就与国外新办的教育企业形成了直接竞争关系。互联网的普及加剧了两者之间的竞争关系。国际教育唾手可得，而国际教育机构的兴建也是一把双刃剑。一方面，在争夺教育资源的同时，为我国会计教育行业提供了接触先进知识的机会，有利于会计教育机制的改革和发展；另一方面，国际会计教育的兴起，对我国会计教育的发展有巨大的挑战性，顺应时代发展潮流，培养适合时代竞争的新型人才是我国会计教育界必须认真应对的挑战。

第二节 当前会计教学中存在的问题

一、中职院校会计师资队伍不合理

在互联网时代，随着时代的不断进步，也要求教育工作者改变传统教学方式，采用信息技术与教学相结合，适应新时代发展，但是，就我国会计师资队伍来说，仍然存在诸多问题。

（一）会计高水平领军人才较匮乏、学术大师数量偏少

针对我国会计专业中职院校的发展水平，其师资队伍无论是从受教育水平还是在职人员，都有悖于教育事业高速发展的现实需要，而高水准会计教师人数和学术性创造性人才的缺乏，也进一步限制了会计教育的发展。这种不足主要表现在，一方面，学术成就不高，很难在学术上产生影响力，教师的学术竞争能力亟待提高；另一方面，大多学校不重视对青年教师的培养和规划，使他们局限于理论教学中，缺少对先进知识钻研的动力和进行思维创作的勇气，从而很难成长为学术的领导者。另外，目前学校教师各种竞争和科研压力加大，迫使一些教师目光短浅，过分追求眼前的片面利益，并没有真正投身于学术研究的决心与耐心。所有这些都不利于会计学科建设的健康发展。

（二）会计师资结构不合理

纵观各个行业，高水平的师资队伍往往具备以下几个要素：合格的受教育水平、具备一定的职业职称、合适的年龄阶段和受教育的学派关系等。相比之下，我国现存的师资队伍的整体水平及内部结构令人担忧。主要有以下几方面的体现：第一，受教育水平偏低。就现在发展的教师水平来讲，仍有很多学历不达标的老师在从事会计教学工作。第二，从教师的职称来讲，高级职称的教师所占比例较低，大多数人都是讲师的水平。并且职称结构不平衡的问题广泛存在于大多数学校的实际情况中。

（三）会计师资队伍观念落后

从目前情况看，一些学校会计教师知识更新步伐不够快，缺乏综合的知识体系和创新思维。不少教师意识上仍旧以"教师为中心"，教育观念上以"传道、授业、解惑"为主导，在这种偏向专业对口，注重以教师为媒介，以课本为知识来源进行的课堂教育理念，使学生往往局限于接触单一的专业知识，创造力和主体性都没能得到开发，从而在一定程度上阻碍了知识的传播和发展。在这种过分强调考试成绩，轻视实践能力的落后教育理念的影响下，学生往往为追求高成绩拼尽全力，却是个行动的小白。很明显，这种传统教育观随着时代的进步、社会的发展，已很难适应经济、社会、科学技术综合化、整体化的发展要求。在知识加速更新换代的新时代，会计专业的相关法律、行为规范等也会随着时代的变迁和科学技术的发展有相应的改变，而此时如果教师闭目塞听，便不能将新知识、新理念传播给学生，从而桎梏了学生的发展，也就在一定程度上阻碍了这一行业的发展。因此，改变会计教师的教学理念，使他们顺应时代的变化，实时更新知识和教学技巧是一项长远而又艰巨的任务。

（四）会计师资队伍引进与管理的问题难以解决

高水准学校的评判标准主要是基于高水平的师资队伍和优秀的学科领导者这两方面因素。因此，斥大价钱引进高等人才的行为也有其可取之处。而有的学校脱离自身发展的实际情况，片面地执着于只要引进外来高水平的教师就能改善整个落后发展现状这样一个想法，不对已有的青年教师进行培养或者送他们去高等学校进修，往往会使原有的教师失去对本校的热爱，转而辞职离开。这种单纯引进的方法，造成了原有人才的流失，人才的流动更加频繁，不利于良性用人机制的形成，还会使原有的师资队伍元气大伤。另外，教师教学效果主要取决于教师主观意识的发挥，而教师的聘用管理制度的落后及"铁饭碗"性质的事业编制，使老师们一旦获得正式编制，即使不努力备课，也不用担心丢掉工作的弊端也限制了师资队伍的更新。同时，机制不完善的考核机制很难真正调动教师的热情。

（五）师资队伍教学与科研关系处理不够好，重视实践不够

单纯以教师的理论研究成果作为评判的标准，而忽视其具体研究成果的临床实践应用，这是长久以来我国教师评价制度存在的弊端。在教师评职称或者对教师进行量化评定时，侧重教师的科研水平，忽视教师本身的教学能力及水平，从而使很多教师难以在科研与教学中间取得平衡，是这种弊端的主要体现。在这样一个评价机制的影响下，教师们纷纷投身科研学术研究也在所难免。而会计专业对实践操作能力的要求非常高，如果教师在

学术研究的重压下忽视了对实践课程的重视，再加上会计教师本身数量不足，质量有待提高的社会现实，为数不多的会计教师只能将主要精力投身于理论教学，从而冷落了对学生实践能力的培养，那么高素质、高技能的会计人才只会越来越少，难以满足社会发展的需要。

二、互联网时代会计专业课程体系设置不合理

随着互联网时代的到来和互联网知识的普及，在人们的思想和生活发生相应改变的同时，也对社会经济的发展产生了不可磨灭的影响，当然会计行业也不例外。但就当前发展阶段，鉴于我国会计行业本身存在的弊端，互联网对其以后的发展在提出了挑战的同时也赋予其更多更好的发展机遇。在这个竞争与机会并存的大好时机，会计的相关工作人员只有不断汲取新的知识，更新观念，才有可能把握发展时机，以更好的姿态投身互联网会计发展的潮流中。

通过对我国会计学专业课程体系现状研究的文献进行检索分析以及通过对各个学校会计学专业培养方案及其课程体系和课程设置进行查阅统计，我们至少能发现以下几个问题：

（一）缺乏专门的会计课程体系研究

专门研究会计学课程体系的文献非常少，大多涉及该问题的研究也多是在专业培养模式、学科建设或质量工程建设等问题研究之中，顺带研究课程体系问题，这说明大多数相关领导、教育学者及教师不是太重视课程体系的专门研究。可能的原因，一是前面提到的，领导不熟悉具体教学课程体系而多关注培养目标、模式等导向性问题，教师关注具体课程教学研究也不关注整个课程体系的研究；二是相关研究者大多认为课程体系是和培养目标、培养模式有着密切联系的问题，从属于上述问题，并且课程体系是培养模式的直接实现方案——专业培养方案（或计划）的重要组成部分，不宜或不必要单独研究。

其实这个认识是有偏差的。首先，课程体系是实现培养目标、贯彻培养模式导向的具体实施体系，它不是简单地从形式上去迎合培养目标，也不仅是按培养模式及课程设置模块去随意把各类课程拼凑在一起。课程体系应该是一个培养目标贯穿始终，在培养模式的导向和模式化要求下，把各类课程联系在一起，形成一个前后衔接，基础课和专业课、理论课与实践课程相互融合，必修课与选修课相互配合，课内学分要求与课外实践活动学分要求相互支持的一个有机体系，所以一个好的课程体系是有生命力的体系。其次，课程体系一般随着培养方案的修订会相应进行修订。但社会环境在变，学生在变，最重要的是会计学的专业环境在不断变化并且知识更新的速度越来越快，如果课程体系的具体内容及其

实施年限完全不变，其实是违反教学规律的。课程体系并不仅是一个实现培养目标、履行培养模式的机器，而应该是一个"有呼吸"的有机体，在大方向和主要核心内容不改变的情况下，在一个修订周期内应该根据环境变化的要求，出陈纳新，以适应形势的变化而培养更符合社会需要的会计人才。

所以，在现在这种除了几所著名学校或重点学校在课程体系建设上有自己独特和适合本校发展的体系外，其他学校基本都还在摸索，而且对课程体系普遍共性问题的研究也缺乏的情况下，对课程体系进行独立研究不是不必要或不适宜，而是非常必要和非常急迫的。即应使课程体系研究成为大家广泛认可的一个独立研究方向，其研究不仅是必要的，而且是非常重要的。

（二）课程体系的优劣缺乏评价标准

课程体系研究作为一项重要的内容，已经形成了几种典型的体系，各个学校在建设课程体系上也根据自己特点和条件做了很多努力，都形成了自己的风格，并且在培养合格会计人才上取得了不少有价值的经验，也或多或少取得了应有的效果。但也应该看到，这种特点和风格更多，是表现在形式上和某些功能上，课程体系的实施效果或好或不好，缺乏一个合理的评价标准和机制，更缺少调研分析及实证检验的过程；做得好或不好，大部分评价基本靠感觉或几个大家认同的指标，如课程模块的结构形式是否合理，课程配置、衔接形式是否合理，具体课程的教学效果、就业率等。在课程体系的知识整体作用、各类课程相互支持和融合、理论实践课程融合方面，这些需要通过课程体系的实施重点关注的基础问题，倒是没有多少研究。只有专门开展课程体系研究，才能解决这些关键问题，使课程体系真正成为实现培养目标和完成培养模式的重要工具。

第三节 会计改革任务与理论研究

一、会计改革任务

（一）切实加强会计信息化建设

积极适应国家"互联网＋"行动计划和"大数据"战略的新要求，努力为业务数据与财务数据的深度融合营造有利的政策环境。要加强顶层设计，做好企业会计准则通用分类标准的维护和完善工作，推动其在监管领域和企业管理领域的应用。要研究探索会计信息资源共享机制、会计资料无纸化管理制度等，积极探索推动行政事业单位会计信息化工作。

（二）深入实施会计人才战略

实现会计行业的发展，必须建设一支规模宏大、结构合理、素质优良的会计人才队伍。因此，要完善会计人才培养模式，创新会计人才培养方式，大兴爱才、敬才、用才之风，为会计行业发展奠定基础。要继续深入开展全国会计领军人才培养工程，健全全国会计领军人才培养工程及其特殊支持计划长效机制，创新领军人才的选拔、培养机制，完善考核、使用制度，不断充实全国会计领军人才队伍。同时，因地制宜地引导各地财政部门和中央有关主管单位开展符合自身实际需要的会计领军人才培养工作。推动在大中型企业、行政事业单位配备总会计师（财务总监），深入推进大中型企事业单位总会计师素质提升工程。加快推进管理会计、政府会计、国际化会计人才等行业急需紧缺专门人才的培养，注重发挥用人单位在人才培养中的积极作用，建立健全会计人才联合培养机制，营造高端会计领军人才成长的宽松环境。

要进一步改革会计专业技术资格考试评价制度，改进选才评价标准，完善考试科目设置，提高考试水平与实践能力的匹配度，推动增设正高级会计专业技术资格，形成初级、中级、高级（含副高级和正高级）层次清晰、相互衔接、体系完整的会计专业技术职务资格评价制度。

要认真做好会计专业技术资格考试和注册会计师考试管理工作。会计专业技术资格考试和注册会计师考试肩负着选拔人才的重任，是人才培养和执业准入的重要环节，也是引领会计人才成长的风向标，做好这项工作意义重大。

考核安全这根弦一直不能放松。

（三）开展会计理论建设，繁荣会计理论研究

研发会计理念支持着会计的变革与进展。增加引导会计理念研发事务的力度，保持理念创造与实际相结合，引领会计理念员工牢牢以财务会计与经济社会进展为重点，强化进展创造新的理念与会计学问研发，迅速建设中国会计方式体制与理念，其具备中国特点，并能达到重大理念突破以及凸显国际感染力。要引领会计理念工作者进入变革实践前线，归纳实际体验，产生理念指点，推进会计的变革与进展；更深层次充足会计理念研发方式，确实改良文风学风，持续纯净学问氛围。要深化指点每个会计学科的工作，帮助学科依法举办学问项目，完善学会内在处理，力图把学会建设成一个核心智库用来变革与进展会计。

（四）高度重视会计管理队伍建设

担负起艰辛而沉重的会计变革与进展职责，并大力推进会计事务的转换与晋级，塑造一个有思想、有承担、懂专科、有大局观、干实事的会计管理队列的核心是人。最近，连续提升的会计治理干部队列素养大致能够满足会计行业进展需求。但不可避免也有一部分员工的理念、学问和思路不懂变通，不能与新需求和趋势符合；还有从别的位置轮换过来的职员不具备系统化的会计处理常识条件。会计管理员工队列建立需要被各个财政单位着重看重，并渐渐产生一种培养机构，它面对基础会计管理员工并把新政策新制度专科培养与垂直培养相融合，力争把会计处理干部的才能与素养提高；举行精确化的管治训练、策略训练、理念训练、规章训练和规则训练，对干部的技能弱项、体验误区、知识空缺进行训练，使他们对新趋势新目标的才能和自信提高。聘用与筛选会计管理干部要受到各个地方财政单位的器重，使会计管理队列拥有越来越多的高素养、有担当、作风优良的干部；着重维持会计处理干部队列的稳固性；实现党自己管理自己，并且严格要求自己的目标，既要严厉监察与管治会计处理干部，又要使会计管理干部在日常与劳动中感受到支撑与关心，并把其进步道路增宽，使广大干部心情愉悦，踊跃劳动，富有信心，敢于承担。同时，每个会计管理员工也要爱惜自身的家庭、工作与人生，坚持理念，自动遵守纪律，认真履行职务，踊跃承担责任，争取奉献自己的力量，推动进展与变革会计。

二、以创新引领会计信息化，助力会计工作转型升级

当今世界，信息技术创新日新月异，以数字化、网络化、智能化为特征的信息化浪潮蓬勃兴起。适应和引领经济发展新常态，增强发展新动力，需要将信息化贯穿我国现代化进程始终，加快释放信息化发展的巨大潜能。

（一）推进会计信息化创新的重要意义

会计工作是经济社会发展的基础，信息化是当今世界发展的必然趋势，会计工作与信息化建设密切相关、相辅相成、相互促进。在信息技术创新不断加快的情况下，积极推进会计信息化工作创新具有重要而深远的意义。

第一，推进会计信息化工作创新，是顺应信息技术发展趋势、贯彻落实国家信息化战略的重大举措。信息化是充分利用信息技术，开发利用信息资源，促进信息交流和资源共享，以创新引领会计信息化，助力会计工作转型升级提升质量，推动经济社会发展转型历史进程变革力量。

第二，推进会计信息化工作创新，是助力供给侧结构性改革、服务财政中心工作的客

观要求。要坚持以发展新理念引领经济发展新常态，加快转变经济发展方式，调整经济发展结构，提高发展质量和效益，着力推进供给侧结构性改革。财政支持结构性改革的重要举措包括支持"三去一降一补"、推动理顺价格关系、推进城乡要素流动、优化投资结构等。

第三，推进会计信息化工作创新，是顺应市场经济发展要求、提升企业经营管理水平、实现会计工作职能和手段转型升级的有力支撑。会计是通用的商业语言，会计信息在反映企业经营状况、引导资源配置、完善基于市场供求的价格形成机制等方面具有重要意义。

第四，推进会计信息化工作创新，是顺应经济全球化发展要求，参与国际规则制定和协调的必然选择。随着世界多极化、经济全球化、文化多样化、社会信息化深入发展，全球治理体系深刻变革，谁在信息化上占据制高点，谁就能够掌握先机、赢得优势、赢得安全、赢得未来。推进会计信息化工作创新，加强会计信息化标准化方面的工作，全面介入有关国际会计信息化标准的研究与制定工作，充分发挥中国在会计信息化标准方面的国际影响力，不断学习借鉴国外先进成果并大力推进自主创新，积极促进我国会计信息化领域的标准成为国际标准，实现会计信息化工作的弯道超车。

（二）会计信息化工作取得的成绩

一是会计信息化工作的顶层设计已经基本完成。会计信息化工作需要调动多方面的积极性共同推进，在各单位的支持下，财政部先后建立了会计信息化委员会、可扩展商业报告语言中国地区组织和全国会计信息化标准化技术委员会三个协同机制。可扩展商业报告语言中国地区组织是可扩展商业报告语言国际组织的正式国家地区组织成员，由会计信息化委员会的成员单位组成，是我国可扩展商业报告语言工作国际交流平台，负责推动可扩展商业报告语言在中国的应用。全国会计信息化标准化技术委员会是负责会计信息化领域国家标准制定的专业技术委员会，归口负责会计信息化领域的国家标准的起草和制定。

二是会计信息化标准体系的建设已经基本就绪。财政部以会计信息化标准制定为切入点，重点加强会计信息化标准体系建设，目前已经建立起较为完整的会计信息化标准体系。

三是可扩展商业报告语言在资本市场、国有资产和保险等监管的应用已经初具规模。目前，可扩展商业报告语言已应用于资本市场信息披露、国有资产财务监管、保险偿付能力监管等相关领域。人力资源和社会保障部在企业年金和职业年金监管领域也在制定相关的可扩展商业报告语言分类标准。可扩展商业报告语言在监管领域的应用，有助于监管部门提升监管效能。可扩展商业报告语言获得了越来越多监管部门的支持，在我国的应用正不断拓展。

四是可扩展商业报告语言对企业的应用价值已经初步显现。在实施通用分类标准的基础上，部分企业正在探索将可扩展商业报告语言应用从对外报告向内部应用领域拓展，并启动了应用项目。这些项目运用可扩展商业报告语言统一标记企业内部数据，形成统一的结构化数据体系，为管理会计提供高质量的数据支持。目前，已有数个项目完成并投入使用，取得了良好的应用效果。随着越来越多的企业探索可扩展商业报告语言内部应用，我国企业应用可扩展商业报告语言的内生动力逐步增强。

五是可扩展商业报告语言数据的互联互通已经显露雏形。在会计信息化委员会各成员单位的支持下，财政部已逐步建立起一套横跨财务报告领域和不同监管领域的可扩展商业报告语言分类标准"家族"，这些分类标准彼此之间互相兼容，为可扩展商业报告语言数据的互联互通奠定了坚实的标准基础。在这一分类标准"家族"中，财政部负责制定用于财务报告领域的通用分类标准，并联合监管部门制定通用分类标准在不同监管领域的扩展分类标准。这些分类标准采用相同技术架构，对于监管报告中涉及的财务概念，监管分类标准直接引用通用分类标准的定义，不再重复定义。统一标准确保了可扩展商业报告语言数据可以相互兼容，进而使得监管部门之间数据互联互通具备了基础。同时，企业可以将多个监管部门不同的分类标准和报送要求置于同一个信息系统中，以便自动组装并生成对不同监管部门的报告，有效降低了企业对外报送的负担。随着监管扩展应用范围的不断扩大，通过统一标准实现数据互联互通的优势将逐步显现。

第五章 会计教学中微课与慕课的应用

第一节 微课在会计课堂教学中的基本应用

一、微课的内涵及特征

微课的主要目的就是通过录制一些短小的视频，时间在 5 ~ 10 分钟，视频会标出关键词、主题以及学生需要重点学习的内容，要求学生自己在线学习或者是进行课外学习。其核心理念是在课程中把教学内容和教学目标紧密联系起来，以产生一种更加聚焦的学习体验。微课的主要呈现方式就是微视频，具有短小精悍有针对性的优势。微课的主要内容不但包括录制的教学微视频，还包括各种教学方案、课后练习、课后总结等多种内容，这些内容相互融合构成了一个拥有明确主题结构，较为完整的资源应用环境。微课教学模式改善了传统教学模式单一的弊端，并且相较传统教学模式来说，更具有针对性，是一种以传统教学模式为基础的新型教学模式。微课制作可以由老师亲自制作，也可以从网络上下载资源。微课的起源来自网络，学习者可以仅通过一部手机或者其他移动设备就能在零散的时间进行学习；然而微课不仅只适用于线上教学，它同样适用于线下教学，在课堂中采用微课教学模式，更有利于提升教学效果。

微课的首要特点就是时间短，内容具有针对性。所有微课视频都是以学生需求、教师能力和教学资源为基础进行设计制作的。因此，虽然时长很短，但是内容往往是最具针对性和代表性的重点知识点，而且这些知识点对于学校会计教学来说是足够用的。学生一般更倾向于短小精悍的学习材料，对冗长单调的学习材料很容易失去学习兴趣。因此，微课视频一般会精简课本中冗长大段的内容，将其浓缩成一个个小的视频片段，学生更容易接受这种学习材料。微课视频的时长一般就是 5 ~ 10 分钟，全是精简之后对学生而言有针对性的内容，这样做，有利于学生和教师针对某一特定问题产生讨论并对其进行解决。微课虽然时长较短，但是内容却很丰富，并且具备灵活的学习形式。微课视频构成包含了多种学习资源，如课件、课后总结、课堂活动、课后评价等，并不只是单一的一个教学视频。另外，微课灵活的学习方式使其在课后也能有所体现，学生在课堂上感觉学起来有困难的部分，可以在课后自主观看教学视频，进一步巩固消化不会的内容，有利于提升学习效果。

微课是具有明确主题的结构化教学，有利于学生自主学习，并在学习过程中不断自我总结。

二、微课在学校会计教学中的应用

（一）课堂教学

微课可以贯穿到整个会计教学课堂中，不论是从课堂导入、课堂知识点讲解还是课后总结，都可以采用微课教学。微课教学可以更好地激发学生的学习兴趣，使枯燥的会计课堂变得活泼有趣。

学校会计教学课程中，学生对会计知识掌握程度不同。针对这点，教师可以有针对性地制作微课视频，使学生在课后也可以观看视频巩固课上学到的知识。微课教学对导入新知识极为有效，老师为微课制作的微视频新颖且有趣，并且制作精美，以此作为课前导入材料，可以极大地激发学生的学习兴趣，从而导入新知识。而对于课上一些比较难理解而又需要学生们掌握的知识点，教师还可以将这些内容集中整理，利用微课有针对性的特点，对学生进行重点教学，可以有效集中学生注意力，提升教学质量。微课虽然是一种新的教学模式，但还是以传统教学模式为基础的。因此，教师必须对微课及传统教学做好一个过渡衔接，不仅要在课堂中体现微课的新，还不能忘了课堂上占主体地位的仍然是学生。并且，要对微课教学配备适合的课堂探究讨论活动，这样才能更好地发挥微课的作用，提升教学效率。教师还可以将难点、重点知识以微课形式表现出来，加上图表等辅助说明，可以使学生更直观地理解知识点，融会贯通。单在课堂上学习的会计内容是远远不够的，会计学习需要更大的环境，这就需要教师在课程设计上多添加一些课外内容，拓宽学生的知识面，使学生对会计学习有一个更全面的理解。

（二）提升学生自主学习能力

如今的在线教学中，微课教学已经成为一种主要方式。利用互联网的共享性，学生可以随时随地观看教师制作好并上传到网络上的教学视频。相较以前，学生可以更灵活地进行自主学习，提高了学习热情和效率。

我国课程改革的目标也是致力于提高学生的自主学习能力，通过课改改掉学生被动的学习方式，鼓励学生积极主动地自主学习，从而激发学生学习的兴趣和探究欲望。这不仅是课改的目标，也是我国选拔未来人才的标准。微课较传统课堂时间缩短了很多，并且内容有针对性，且由于互联网的便利性，只须输入关键词就可以轻易搜索到，方便了很多；另外，微课的时长通常控制在十分钟左右，这也符合学生的身心发展，因为大多数学生集中注意力的时间也差不多在十分钟左右；录制的微课视频具备视频的一般功能，可以随时暂停播放，这就大大方便了对知识掌握程度不同的学生。学生可以根据自身的学习情况和接受程度控制视频的速度，增强学生自主学习的兴趣。另外，微课内容由教师上传到网络之后，学生不再受时间空间限制，可以随时随地想学就学，学习方式更加灵活自由，极大调动了学生自主学习的积极性，并且为学生能够自主学习提供了一个良好的平台。学生学习知识再也不用只在教室这一个地方了，可以在寝室、食堂或者饭店等各种场所，随时随地观看视频自主学习，如果遇到不会的重难点内容还可以通过对视频的反复观看加深印象，直到全部理解，有利于学生掌握好每个细小的知识点，并逐步提升自己的会计专业知识水平。除此之外，教师还可以准备由学生自己独立完成的微课，提前给学生布置好需要自学的内容，学生了解到这些任务后自主学习会计课程内容。老师可以在之后的课堂中对学生的自学成果进行检验，学生也可以自行检验自己的自学效果。由此可见，微课是一门可以极大促进学生自主学习的课程。通过微课这种形式，学生也可以更好地实现自主个性化学习。此外，微课的移动化、碎片化特点，又方便了学生在课后随时随地对自己掌握不扎实的知识点进行复习，可以有效拓宽学生的知识面，使学生更加灵活方便地进行自主学习。微课模式相比传统授课模式而言，对教师的要求更为严格，因为微课内容少了课堂的束缚，变得更为开放，这就要求教师不仅要掌握制作微视频的技术和手段，还要掌握在互联网中分辨良莠信息的能力，选择一些真正对会计学习有用的信息，这些都需要教师拥有一定的技术手段和付出一定的时间，不免会加大教师的压力。

（三）提升教师专业素质

微课程是一个极度浓缩产生精华的过程，在制作过程中往往需要反复推敲，修改直至完善，微课程是一个可以在很短时间内展示成果的课程。因此，在制作过程中，会计教师需要反复观看视频内容是否符合自己的教学内容并加以修改，还要不断学习充实自己，可以在微课中加入更多的课外内容，这样才能准备一堂较好的微课堂。由此可见，微课对于加强教师自身专业技能具有促进作用。因为在制作微课的过程中，教师反复推敲，不断发现问题，从而反思自己，改正教学方法，学习新的教学观念，从而提升自身的会计专业技能。此外，微课还可以大大提升教师对信息技术运用的能力。教师通过制作微课，可以更好地熟悉信息设备，更加熟练地掌握对信息技术的运用，从而树立更具现代化的教学思想和理念。教师制作微课的过程本身就是一个不断反思与发展的过程。在这一过程中，教师能不断提升自己的教学能力。微课可以通过互联网共享到全国甚至是全球的资源中，教师可以通过互联网观看不同老师制作的视频，通过视频学习别人的教学内容和理念，彼此间再进行交流切磋。教师要善于利用微课这一教学模式，不断完善这一课程模式，使微课为学校会计教学做出更多的贡献，成为会计教师教学的重要手段。推行微课模式有利于利用信息技术对学校会计课堂的融合，推动学校会计课程的发展和教师水平的提升。学校的会计教学若能充分发挥微课教学的优势，可以极大激发学生的学习兴趣，对会计学习产生浓厚的兴趣并快乐地学习会计课程，这也有利于为社会培养高素质的、良好会计专业能力的人才，为社会做贡献。

微课作为一种新兴的教学方式和手段，因其"短、小、精、趣"迎合了时代需求和大众心理，也越来越多地被应用于教学当中。教育部刘利民认为："微课符合时代的要求，它能在较短的时间内对某一个知识点进行充分的、有趣的讲解，符合当今紧张的学习生活节奏。不仅对学生的学习和教师的教学提供了更多的方法，也解决了传统教学课堂中比较容易出现的问题。微课是符合时代要求的积极探索，并希望借此推动教师教育方式方法的变革，解决建议需求多样性、资源便捷性等问题，促进教育与现代信息技术的深度融合。"因此，学校会计课堂中应用微课模式是适应教学改革的需要，也适应时代的发展。同时，有利于会计课堂与信息技术融合发展，有利于促进会计教学的个性化自主化发展。微课新型教学模式，适应教育发展的潮流和趋势。微课教育模式在学校中的展开已经取得了一些成效。学校应用了这种新型教学模式后，有利于学校对会计人才的培养。这种教学模式不仅提高了学生自主学习会计的积极性与兴趣，而且还提高了学生主动学习的能力和意识。除此之外，微课教学模式对教师的专业能力水平提升也有很大的帮助作用。

第二节　微课教学实施的基本流程

一、前期准备

微课不仅包括微视频，还包括微练习、微讲义等。授课教师在授课时主要以登记银行存款日记账的知识点结合企业实务进行讲解，组织学生之间讨论，解答疑问，指导学生操作，引导学生理解流程，掌握登记方法。

（一）预习微课的设计流程

按照教学设计原理即从教学分析、教学实施和教学评价三方面可对微课进行设计。微课设计流程图如图 5-1 所示。

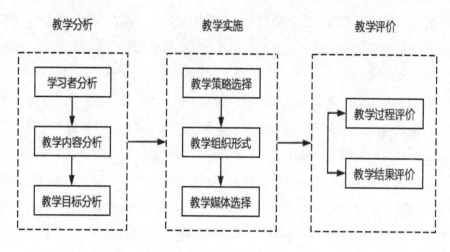

图 5-1 微课设计流程图

（二）学习者分析

学生是会计学习的主体，其整体特征虽然是充满精力，思维发散，有较强的动手能力，但是缺乏学习的积极性。需要对学生进行学习方法的指导，鼓励支持他们对学习有耐心。由于没找到一种科学的学习方法，加之缺乏自主学习的意识，使他们对会计的学习不扎实，许多知识点都不能详尽掌握，并且学到的知识不会学以致用，只靠死记硬背。继续这样的坏习惯学下去，只会产生更坏的学习效果，从而造成越来越大的学习压力，产生更大的学习负担。这就需要会计教师完善自己的教学方法和教学内容，引导学生形成正确的学习方法，帮助学生进行自主学习。这就需要了解学生对微课的理解，一方面，可以从学习目标、教材认识、学习方式、学习过程、学习环境需求等，了解学生学习现状及愿景；另一方面，可以从对微课的认识、应用环节、应用方式等了解学生对微课的看法。

二、微课开发流程

为创设情境教学，通过参考网上微课开发注意事项等，可对微课进行录制，具体流程如图 5-2。

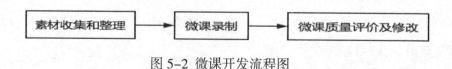

图 5-2 微课开发流程图

三、真实情境素材收集

（一）走访企业，开发合作

为最大限度还原出纳工作，创设真实情境。在观察出纳登记银行存款日记账工作的基础上，搜集银行存款收款凭证、银行存款付款凭证、银行对账单等众多素材，可在征询出纳意见后，对微课教案和脚本不断修改，尽量使知识点的讲授贴近实际，创新授课形式。同时，也可拍摄企业财务办公室环境、财务人员、账册资料、办公桌等，最大限度还原财务人员工作环境。

（二）多媒体素材收集

教学媒体包括图片、声音、动画、视频等。由于财务资料的保密性，部分素材无法从企业获得，如日记账完整页的展示、凭证的复印件等。可通过网上搜索，收集了这些账册的图片，以及多栏式日记账账页等企业不具备的会计资料。

四、微课录制

微课录制方法主要有以下几种，如屏幕录像软件录制（录屏软件+PPT）、可汗学院式（由录屏软件＋手写板＋绘画软件组成）、视频摄制工具拍摄（由手机或数字摄像机＋视频编辑软件）、混合式录制。

拍摄过程：为减轻人员干扰和噪音，视频拍摄可选在午休时间，光线明亮、拍摄清晰。需要演示者提前熟悉教案，了解流程和注意事项，并按照脚本和要求模拟一遍，以使录制时更加顺利。镜头聚焦在演示素材上，重要处进行放大特写。在拍摄过程中，镜头切换平稳，跟随演示者动作拉近或放宽视线，演示者只是在视频的开头和结尾出境，以保证学生注意力集中，减少干扰。

录屏录制：按照建构主义的案例—问题—讲解—启发—应用教学模式，微视频的开头和结尾需要 PPT 分别列出问题和进行小结。

后期编辑：采用绘声绘影软件对拍摄视频和软件视频进行剪辑，删除不合理的部分，对视频进行连接和精简。

五、微课质量评价

检验微视频制作的质量、微课设计的合理性，以及学生对微课教学的适应程度，可向同事寻问对微课的看法和意见，让他们对微课教学进行打分，并对他们的意见进行整理。

还可随机挑选会计专业的学生，让他们谈谈自己对这种微课的看法并进行打分。同时，让他们指出对于微课还有什么意见。对两者提出的意见和建议进行整合梳理，应用到微课整改中，促进了微课的更好发展。

第三节 微课在会计教学改革中的实践设计

一、教学内容分析——微课选题

（一）微课内容选取原则

1. 知识点为重点、难点

微课设计和应用具有针对性，有的放矢。目的在于解决教学中的重难点问题，体现价值性。在技能型知识点教学中，重点是培养学生的会计基本技能，掌握会计核算方法，而难点是技能和方法的抽象性。

2. 以技能型知识点为主

从教学方式视角，微课划分为讲授类、实验（实践）类、操作类、练习类、讨论（研讨）类、表演类、合作学习类、自主学习类等类型。鉴于专业性强和学生零基础的特点，"会计学原理"基本概念和基本原理适用于讲授法，以学生为主体，由教师引导、传授知识。基本技能和方法是原理的应用，学生已具备专业知识，在这个阶段重点是培养学生动手实践能力、解决问题能力和实际应用能力，部分学生需要先模仿、后识记。微课在技能型知识点教学上有独特的优势，学生可以随时看、重复看、选择看，而对于需要长时间持续探讨的课程，或是对复杂解题过程的讲解，微课便不能达到较好的效果。

目前技能操作部分学习资源少，部分知识点在操作上没有统一口径，如日记账的登记，教材规定应该日清日结，但在案例分析中是日清月结，前后矛盾的地方比较多。应选择技能型知识点制作和应用微课，丰富教学资源，统一操作规范。

3. 内容可分解性

微课是碎片化学习环境下的产物，主要是针对某个知识点或教学环节而设计构建的，短小精悍，时间一般控制在 5 ~ 10 分钟以内。在内容选择时要考虑内容的可分解性，该内容是否可以分解成知识单元，是否可以进一步分解成若干知识点。在《会计学原理》教材中，有些内容不适合做成微课，更适合教师用传统课堂教学。

（二）教材分析

《会计学原理》是财经专业学生接触到的第一本专业课教材，是必修课程。如果将会计专业课比喻为金字塔，会计学原理便是塔基，其中的核心概念将贯穿会计专业学习的始终，为后续学习企业财务会计和财务管理等专业课做铺垫。从学校考试分数比例来看，会计学原理分值共占专业课总分的三分之二，突显了学校将更重视学生基础知识和基本技能的训练。

一般情况下，本课程分为九章，可以概括成两部分。第一部分是基础理论，包括会计概念、特点、核算对象、会计要素、复式记账等；第二部分是基本方法和技能，包括填制和审核凭证、登记账簿、编制财务报表等。

会计学原理课程有两大特点：第一，概念多且复杂。会计学原理课程概念众多，其中大部分来自《企业会计准则》，表达严谨、抽象、科学、统一，理解难度较大，如"会计事项"和"会计对象"的概念就十分相近，不容易辨别。学生第一周上课表示"不明白在讲什么"，从第二周开始进入学习状态，但仍然存在靠死记硬背记住概念的现象；第二，重视基本技能。会计专业培养的是技术型应用人才，不仅要懂会计知识，还需具备实际技能方法和动手操作能力。会计技能包括填制和审核凭证、登记账簿、编制报表等，会计学原理介绍的是基本技能，重基础、重视培养学生对会计操作的系统认知。

一般来说，学生在学习的过程中通常存在以下问题：学生的动手实践能力不强；在学习的过程中难以将知识透彻理解，更不能将其用好、用活；在学习的过程中往往存在着"左耳进右耳出"的状态，对操作步骤十分生疏；过分依赖于老师的讲解，课前基本上不预习，准备不充分。所以，要尝试着采取一些有效的措施来改变这个现状，主要有：将关键的知识点以现代化信息技术的手段展现在学生的面前，以激发学生学习的积极性、创造性。当然，推动学生进行课前预习这一方法，效果明显与否，还有待实施。总的来说，上述方法是以教程为基础，在其中灵活运用了与制作技能操作部分中的"银行存款账册"相类似的"专题微课模式"。而此类专题的特点在于：以介绍银行存款相关凭证的入账、填制、对账等实务技能为重要内容，但其中这些知识点又不是毫无联系的，相反，它们之间是相辅相成，"你中有我，我中有你"的关系，也正是因为这层关系，决定了其拥有开发主题微课的绝对优势。

二、教学目标分析

开展微课的原则有以下几方面：在选题方面，坚持以微课的基准为原则；在目标体系方面，以著名的布鲁姆体系为主要标准，如上微课教学目标分析如下（表5-1）。

表 5-1 本专题数学目标分析

微课内容	认知领域目标	动作技能领域目标	情感领域目标
填制收款凭证和付款凭证	认识两类凭证的格式；能正确判断两类凭证使用范围；了解凭证签字盖章顺序	能正确填写日期、凭证摘要；根据审核后的原始凭证正确、规范填制凭证；掌握凭证的装订	培养学生严谨、一丝不苟的工作态度
登记银行存款日记账	了解账簿格式；能正确判断银行存款日记账登记依据；掌握登记要点	熟练掌握银行存款日记账摘要、凭证字号、日期的填写；能根据记账凭证准确填写日记账上账户、方向和金额；正确计算账簿余额；掌握日清日结	通过根据凭证登记账簿这一环节，引导学生做事要专心致志、心无旁骛
登记银行存款总账和明细账	了解银行存款总账和明细账账簿格式；能判断这两类账簿格式在不同分类标准下的定义；掌握平行登记的概念，熟识平行登记的要点	能根据凭证及平行登记要点，准确无误登记银行存款总账和银行存款明细账；掌握总账和明细账的对账方法	总账和明细账平行登记较为复杂。通过本节学习培养学生沉着、稳重的工作性格，有独当一面的信心

三、教学策略及组织形式

开展微课则是在以学生自主学习为基础，以启发式教学为主要策略的基本构造上搭建的。而在启发式教学中，老师通常采用多种方法来激发其学习的潜能，以提高其对问题的理解和分析能力。同时，还能推动学生之间进行积极的合作，以促进其养成"合作共赢"的先进意识，以对其未来的发展产生举足轻重的影响，而实现这些目标的主要途径则是指创设情境、设置问题等方面。

四、教学评价

一般来说，教学评价可分为过程性评价和结果性评价两类。过程性评价主要体现在微课实施之前，而结果性评价则具体体现在微课产生应用结果之后。实践前者的主要途径包括以下方面：首先，通过各种方式（如问卷和访谈等形式）来将教师等各个参与微课的个体，对微课的看法进行收集和有关分析。毋庸置疑，此措施对微课质量的提高提供一定的保障。其次，要想学生在课前预习和课堂学习等阶段达到一定的预期效果，就必须对其进行监督和规范。就某些方面对教学的影响还需要进行一些思考，其具体反映在这些方面至自我反省期间出现的问题。最后，非理性认知方面的预习。这个侧重通过以下实现途径：对多组学习者的检测成绩进行不同方面的对比；评价总结微课应用结果；对参加此次微课活动的各个不同主体进行多种方式的咨询，并以此来征集有关人物的心得体会和感受。

五、微课脚本设计

相对而言，脚本是一种根据特定的样式而编订的文体类型，而其性质是一种具有特殊性质的表现性语言。而进行脚本编写必须遵循以下原则：学科严谨性原则；针对性和具体性原则；语言表达精准得体原则；注重趣味性原则。在进行专业新生具体学习情况的分析基础之上，学者与出纳之间相互合作，依靠他们的共同力量对脚本进行"有通性"的设计。其中，比较常见的例子有"登记银行存款日记账"，脚本设计见表5-2。

表5-2　"登记银行存款日记账"脚本设计

教学环节	画面	解说词	设计目的
引入	镜头：财务办公室，展示办公室环境，包括橱柜、办公桌、电脑桌面 镜头：出纳展示银行存款日记账面、账页	各位同学，本节课我们将学习银行存款日记账的登记。今天老师先带大家去见一个人。 出纳简单自我介绍，接着介绍银行存款日记账：银行存款日记账和现金日记账一样都属于特种日记账。一般日记账保管15年，但它们要保管25年。现在由我来向大家演示，企业里银行存款日记账登记方法	介绍银行存款日记账基本情况，让学生了解实务。课外补充保管期限
账簿登记依据	镜头：出纳展示会计凭证，一张银行存款收款凭证、一张银行存款付款凭证、一张现金收款凭证、一张现金付款凭证 镜头特写：现金收款凭证	出纳：现在请大家看一下这些凭证，有银行存款收款凭证、银行存款付款凭证、现金收款凭证、现金付款凭证。会计核算流程是凭证、账簿、报表，登记银行存款日记账的依据应是含有银行存款科目的凭证，所以我们需要先把银行存款收款凭证、银行存款付款凭证先整理出来，它们是登记银行存款日记账的依据。同学们看下，我有没有漏掉什么？对，还有现金收款凭证。因为现金收款凭证上也有银行存款	1. 明确登账依据 2. "现金收款凭证"是登记银行存款日记账的依据之一，学生经常遗漏这点
登记方法	镜头：出纳根据10月30日银行存款收款凭证（银收57号）登记日记账	出纳：银行存款日记账是逐日逐笔登记，日清日结，维护资金安全。请大家观察银行存款凭证和日记账的共同点，它们都要摘要、日期、账户、金额、方向，登账其实是把凭证上该账户的信息记到账簿上来，不需要做出改变，但是需要100%的正确性，千万不能粗心大意，否则就像多米诺骨牌一样，账簿后续记录都错了。数字在书写时占空格二分之一，且稍微倾斜，保持美观，干净。数字不能连笔写，上一任出纳就是字写得太丑被辞退了（夸张，引起学生注意）。账簿登记好后，在凭证"记账"栏里打"√"，表示凭证已入账，避免重复登账	1. 登账步骤 2. 登账方法 3. 登账注意要点，解释为什么数字只能占空格栏的二分之一 4. 凭证"记账"栏处理

（续表）

教学环节	画面	解说词	设计目的
日清日结	镜头：出纳日结	出纳：一日工作结束后，将当天银行存款发生额进行合计，结出当日余额，计算时一定要仔细，我曾因为账簿上差3块钱加班到半夜两点。一般平时不结余额，只在日结栏里结余额，这样可以避免计算错误带来的系列麻烦。在日结后，不需要画通栏红线，根据规定，只有在月结、季结和年结的时候才画红线	1. 强调工作严谨性，加深学生对会计工作的认知，端正态度。 2. 重申日清日结，纠正课本案例中的错误
后续	镜头：出纳	出纳：一天工作结束后，将凭证、账簿收拾好，放到指定位置，保持办公桌和橱柜整洁。请给第二天的自己一个好心情。大家现在对出纳登记银行存款日记账了解了吗？谢谢大家。再见啦	1. 培养学生工作井井有条、注重整洁的习惯
问题	PPT 展示	1. 银行存款日记账由谁登记 2. 银行存款日记账登记依据是什么 3. 在登记时要注意什么 4. 银行存款日记账是日清日结还是日清月结	评价微课在学生预习中有没有发挥作用，效果如何

六、微课教学过程中出现的问题

（一）部分学生学习自主性差

微课的运用对有效提高学习者课前预习效率，通过观察微课下载次数了解有多少学生使用微课预习效果不错，可是在学习者的实际运用过程中还存在着某些缺陷，那便是指某些学习者对微课学习的资源利用率不高，经常出现下载之后没有充分利用起来；反而在微课结束后，出现某学习者以微课的幌子在其运用软件中进行聊天、上网娱乐的非学习行为；因此，导致学习者在使用微课进行学习的正确道路上偏离了方向，甚至对课前预习形成不重视的态度。当然，如果在此时教师及时给予适当的提醒、警告，学习者对其的态度可能会有所改变，但需要强调的是，必须对其进行时刻提醒。除此之外，学习者进行微课预习的过程中还存在着一定的障碍，而这些障碍则主要体现在思维方式方面，即指学生在学习过程中，已经形成了"寻求教师帮助"的定向思维，从而使学习者运用科技手段，来解决有关学习问题的思维难以形成。

（二）微课不能随时观看

在学习者使用微课进行预习的过程中，还存在着时间和空间上的障碍。时间方面的障碍体现在学生运用微课进行学习的时间紧紧控制在空余时间，导致其在时间上太过于死板，从而形成了固定的时间局限。而空间方面的障碍则体现在学生本人在互联网的载体电脑上观看微课，导致学生将微课学习的地点牢牢锁定在了机房，而机房的开设时间又有一定的限制，这必然导致学习者严重缺乏使用微课进行学习的机会。但这些问题并不是毫无办法的，如学生可以利用在家学习的空余时间，将微课课堂引进到家庭生活中去。除此之外，学生还可以通过与其他学生老师进行积极的讨论来及时解决相关问题。

（三）小组合作不积极

在普遍情况下，实验组通常采用小组合作的模式来解决相关问题。然而，在相比之下还是存在着一些不容乐观的情况。比如，仍有少部分的学习者缺乏学习的主动性、积极性，导致其不能跟上大多数人的步伐。此外，还存在着另外一类情况，即团队中的某些成员运用微课进行课前预习的某些障碍，从而导致其无法与其他成员进行密切的配合，这就决定了这个团队无法达成理想的预期效果。除此之外，团队中还有相当一部分人由于性格的差异，导致即使已经对知识点有了准确的把握，仍然难以积极融入集体的共同话题中去。当然，并不能因为该缺陷是由学习者本体造成的，而对此类行为置之不理。对此，有关学者提出了具体的解决措施：进行小组成员的重整；重视学习成员主体差异性、层次性；考虑将这类学生作为发言的重点人物来进行培养。

第四节　慕课的起源与特征

一、慕课的概念

MOOC 即是慕课的简称，是 Massive Open Online Course（大规模开放在线课程）的缩写，是近些年来开放教育领域出现的众多全新课程模式的一种。接下来，我们将对"大规模开放在线课程"（慕课）的概念逐一进行分析："大规模"的解释，无疑就是指对学习这门课程的人员数量不做任何要求，甚至没有最低线和最高线；而所谓的"网络"进行教学的地点主要是在网络等媒介上；而专业词"开放"，则是指对该课程有着迫切向往的学习者都能参与进来，并且还是免费的。据专业人士透露，慕课这类课程并没有存在很长的时间，因此，不难推测出该课程术语的结构体系在一定程度上是不完善的，这方面的许多问题还需要进行一定的探究，还有诸多疑问仍须解决。但我们并不能因此而忽视慕课的重要作用，而应对其客观评价，我们应该从多个角度来探索解决这些问题的方法，这就要求我们不单要从慕课这个客体出发考虑问题，更应该从主体本身来寻找解决问题的方法。例如，学习者在遵循慕课原则的基础之上，应善于从自身条件出发，为自己选择最快最好的学习方法与技巧，以促进自身圆满完成在线学习、互动、考核、测试等基础环节，帮助自己掌握学习的精髓，以获得相关方面的认证，也推动自身向着更高的方向发展。正因为慕课具备以上的优势，所以引起许多地区和国家高度重视，甚至建立了一些专门研究慕课的专业机构，用于对慕课多方面的具体探索和研究。

追溯慕课的起源阶段，慕课的概念都是与关联主义学习理论紧密联系在一起的。认为学习就是通过建立非正式的网络关系而产生、发展起来的。研究表明，慕课是学术理论研究方面的重大成果与结晶。一方面，体现在慕课的理论学术来源即关联主义学习理论不仅是学术理论研究方面的重大里程碑，而且是推动互联网时代发展的巨大动力，另一方面，慕课也在学术上占据着重要的地位，即慕课是将关联主义学习理论运用到实践中去的最好证明。它的出现，不仅为信息时代的发展提供了不可或缺的养料，而且对知识经济时代的到来，提供了一条捷径。当然，慕课的基本特征是多方面的，不仅包括它是一类规模巨大、开放范围广阔、在线使用、终身免费的课程，除此之外，具有特殊性质的慕课还善于运用互动式的交流方法来进行学习，它还强调学习者的高度主动性、教学内容的无规律性，以及建立学习通道的必要性。在学术发展史上，曾经还出现了一类典型的以行为主义学习理论为基础的著名的慕课课程，这类课程便是著名的 eMOOCs，其以互联的、合作的学习为研究基础，同时运用"物以类聚，人以群分"的原则来进行课程的构造的。不仅如此，eMOOCs 研究范围还扩展到了运用新型的应用信息技术的教学，这就从另一个方面体现出了该课程对新型课堂教学做出的巨大贡献。此外，还应引起高度重视的是，eMOOCs 还有另外一个与众不同的定义：它是对网络时空的无限延展；它是一种"从实际出发，实事求是"的教学手段，在此特点中，它着重强调的是"教授和练习"等一系列的教学环节。由以上分析可知，要想充分发挥慕课的积极作用，选择一定的执行主体是十分必要的，因此，该课程的执行者应选择具备某些优势的个体。

从浅显的层面上来看，慕课是一种规模较大、在线率较乐观、开放性较高的课程模式。从较深层次的角度出发，"MOOC"属于"学习课程"的一类，其具备以下特点：靠信息技术获得；具有相对的公益性特性；对于参与的人群没有社会地位、道德素质、伦理思想等任何的限制（唯一的条件是其具有学习的兴趣）。还有一种解释将其归纳为是远程教育最新的发展成果，而这一说法来源于维基百科中的典型词条。它将"MOOC"看成无严格人数限制的、具有广泛主体性的在线网络课程。同时，对于学习者而言，它的运用还存在以下优势：提供课程视频成品；提供具体的阅读材料和问题试题；提供用于交流的平台。

当然以上优势产生了一定的效果，那便是为学习者和教授、助教们的交流创作了一个良好的条件与途径。

　　总的来说，与传统网络课程相比较，慕课存在着以下优势：提供给学习者准确率较高、效用性极强的课件资料，学习视频及试题答案；为学习者提供了比较有针对性讨论命题和思想理论；同时，还为学习者提供了比较有效率性和学术性的讨论平台。而开展慕课的效果是多方面的：第一，可以使不同层次的学生在一个比较广阔、平等的平台上进行比较正规而有技术含量的学术讨论；第二，可以打破不同学术人群之间的界限，将对学习有极高兴趣的学生与广阔远见的专家学者紧密联系在一起，从而在学术界中形成一片"强帮弱，合作共赢"的壮烈景象。当然，更让人值得重视的是，这类课程存在以下优势：课程全程无任何人群、知识水平方面的限制；更不用担心没有时间（无时间限制）；更没有学习环境的限制；除此之外，更为重要的一点是此类课程无资金门槛限制，可信度极高。尤为重要的是，此类课程打破了以往的平台限制，具有广阔的交流平台，其能够在学习者惯用的新媒体中进行传播。

　　就英语单词这方面而言，我们不难将"Massive"一词翻译为"大规模"这个意思，而从学术角度这方面来说，"大规模"是指学习者课堂容量的规模很大。从比较浅显的层次来看，我们可以将其简单地理解为数量很多，就这一点而言，我们可以将其精练归纳为"限度"问题。从当前的情况来看，传统的线下课堂人数一般控制在 100 人以内，有的甚至远远不及百人的 1/3，但即便如此，这类规模的课堂人数也并不算太小（尤其是学校的通识课与公选课课堂），这便是传统课堂与慕课课堂的一个显著区别。因为对于慕课课堂而言，100 人的课堂几乎是不存在的，其规模至少是几百人、几千人甚至是几万人，这还不包括没有上线的。由此可知，慕课课堂学生的数量是普通课堂学生数量的无数倍。当然，这是通常的情况，特殊情况除外。因此，从不同的角度凸显出了慕课的规模之"大"。

　　一般而言，"Open"这个单词表示的是"开放"的意思，那么，这里的"开放"具体是什么意思呢？下面我们将一一解答。就当前开展慕课的形式而言，现有的慕课开展过程都是不需要收取任何费用的。从已有慕课来看，不仅如此，在全部课程都结束后，学习者还享受一定的福利，即指学习者可以通过在线测试等多种手段，与专家学者进行长期的亲密互动，并且还能得到由此平台颁发的非纸质版证书；同时，慕课的发展还存在着一个不容乐观的趋势，其具体是指某些慕课平台为了抓住学生的眼球，提高其本身对学生主体的吸引力，主动与能够为学习者提供学分的学校合作，从而要求学习者必须为此去支付费用。因此，我们从中可以看出，这在一定程度提高了慕课学习的要求（尤其是指学校的通识课与公选课课堂）。

通常来说，"Online"是"在线"的意思，具体来说，它不仅是互联网的象征，更是开展慕课课程的载体。它之所以能够被称为"大规模""开放"这些词的"代言人"，而这一切都源于它处于比较先进化的信息网环境之中。但是，就这方面的"在线"而言，仍然有不计其数的人对以下几方面存在很多问题：慕课的课程资源内容主要包括哪些方面呢？慕课到底是以什么样的形式来进行交流的呢？必须要有学生和教师同时存在吗？而这个疑惑的根源来自慕课与传统网络课程资源之间的巨大差异性——是否存在师生间的相互交流和切磋。同时，这也从另外一个方面体现着慕课的相对优势——其可以使师生之间在非线上的交流变得越来越频繁。

众所周知，"MOOC"这个专有名词的最后一个单词是"Course"，同时，它也是这个名词的画龙点睛之笔。究其实质，"Course"并不是单纯指单调的课程规划设计，也不是指网上随时可见的学习资料，而是"精选课程"的具体表现。而它所代表的具体内涵是多方面的：第一方面，指课程、教学方面的重要影响因素，具体则指其重要的设计理念、教学过程中应注意的事项、讲课内容的选择与制作标准；第二方面，即指从线上到非线下所有教学的全动态过程，它包含了课程和教学的设计理念；第三方面，则指教学过后学习者最终获得学分与互评情况等。

二、慕课产生的背景

从历史追溯至今，信息技术的发展为世界政治、经济、文化等重要领域带来了翻天覆地的变化，慕课这一教学形式也无时无刻不在受着信息技术发展的影响，甚至促使其发展成为全世界教育领域一项瞩目的成就。另外，不能否认的一项事实是，慕课的发展必然会推动时代教育的发展走上另一个高峰。

（一）大数据时代的产物

由于受高速发展的信息技术、日益普及的互联网影响，人们的工作、生活、学习各方面都出现了翻天覆地的变化，集体呈现网络化趋势，这为人类各方面的发展提供了技术层面的支持。不仅如此，在线教学方面，信息技术的发展以及互联网的普及更是为学习者提供了无数便利。譬如：为所有学习者提供无地域、空间限制的学习资源；大大提高了学生与教师之间的交流频率。技术创新还会产生以下成效：使课程制作的成本降低，让在线授课这种教育方式变得更容易也更便宜。同时，人们社会活动由于受网络信息技术的影响发生了与日俱增的、不可估量的变化，还使就以前而言难以完成的挑战由理想变为现实。其中，比较常见的例子是智能手机、平板电脑等现代化信息技术产物的出现，不仅可以打破人们进行学习活动的时空限制，而且还能大大提高学习者的学习效率，突破以往在线教育学习的常规标准。

（二）传统教育的弊端

万事皆有利弊。传统教育当然也不例外。相对而言，传统教育的弊端在于过度限制学生的学习场所，注重以固定的思维习惯来限制学生的学习方式，严重忽视了学生本身的独立思考和学习能力，导致其潜能被埋没，思维被限制。最好的教育方式便是将理论投注到实践当中去，即将一切教学理论充分运用到教学实践中去，此理论的根据便在于通过学习者在实践中的体验，可以充分激发其学习的主动性、积极性、创造性，以达到"事半功倍"的效果。更何况是在知识经济时代的今天，要想使教育发展符合新时代的进程，就必须赋予教育新时代的意义。我们不能仅将教育当作是一份帮助学生适应学习的工作，而应将它作为培育全方面人才的捷径。从以往的经验中，我们已经充分意识到，传统教育模式所培养出来的学生不是新时代发展所需要的全方面发展的人才。因为，在传统教育体系下所培育出的人才，往往是只重理论，却难以将理论运用到实践中去的"机械性人才"，而这种人才并不能达到以上要求。因此，这不仅警示我们在学习的过程中，应该根据自身的具体情况来选择适合自己的课程，甚至是学习方法和策略，还应该充分利用网络这个媒介来进行学习。因为，在网络上学习存在着很多的优势，如具有更加灵活的时空选择。除此之外，这也对学生自学能力、学习效率的提高有着巨大的推动作用，这种设计不仅能培养学生独立的学习能力，更为重要的是，此类学习模式更能引起老师和学生之间的共鸣，从而达到意想不到的效果。

（三）优质教育资源分布不均

随着社会的变迁和高科技人才的迫切需求，我国的优质教育资源与人们日益增长的精神文化需求形成了极大的反差，甚至出现了教育资源在各地区分布极度不平衡的现象，这便使我国的教育出现"供不应求""想学而无法学"的尴尬局面，导致诸多的人才大都选择国外深造这条路。当然，上述现象必然会使我国的高素质人才出现严重短缺的现象，这极不利于我国建设社会主义科技强国目标的实现。这时，我们便可以充分发挥慕课的相对优势，将其广泛运用于教学之中，不仅可以实现资源的有效共享，而且还可以在很大程度上满足人们的急切需求。

三、慕课的特征

（一）大规模

与规模较小的传统课程相比较，慕课的"大规模"特征集中体现在学习者的规模基本上没有任何规定，一门慕课课程甚至可能有上千、上万人参加。除此之外，还有另外一位学者对这一特征做出了不同的解释，即为数量巨大的学习者、规模庞大的课程范围的综合体。然而，在这里大部分人都会有疑问，究竟要有多大的规模，才能算是大规模呢？那么，我们来举一组实例验证一下：就现阶段而言，一门慕课的学习者，很轻易就能够达到几千人、几万人之多，我们可以想象慕课的学习者在未来的数量是不可估量的。因此，我们可以得出慕课是一种巨型课程的结论。

（二）开放性

慕课的另外一个特征是指其具有开放性。这里的开放性不仅是指参加此类课程主体的开放性，而且还包括开课环境、开课内容、资源信息等来源的多样性。这里的学生没有国籍、学历、地位之分，只要对该课程感兴趣都可以一起来参加，且参加此课程的程序也非常简单，仅需一个账号就可以进入该课程的全程学习。

因此，人们给"慕课"下了一个定义，即具有开放性的巨型课程才能被称为慕课。因而，"慕课"学习的性质如下：一种将分布于世界各地的授课者和学习者通过某一个共同的话题或主题自愿联系起来的方法。

（三）非结构性

从慕课的基本内容来看，其依然存在着一些不足之处，那就是绝大多数慕课提供的课程内容是比较零碎的、不系统的。当然，它的独特之处也是十分显著的，如其内容是多种知识系统的"杂烩"，因此它的知识系统是一个类似于"网站"的四通八达的知识网络，凝聚了无数专家学者的思想精髓。除此之外，慕课的原始内容并不是一开始就被紧密地联系在一起的，而是通过"慕课"这个媒介相互交融在一起的，从而构成了一个完美的知识系统。

从我国教育的基层出发，目前我国已经突破了微视频的局限，不仅侧重于提供精准的课后辅导，而且充分突出慕课的"媒介"地位，以实现其课堂性质的转变。然而，在中小学等初级教育体系中，要想教师和学生充分理解碎片化知识中的重点和它的内在逻辑（还可将其称为"基于系统设计的碎片化学习"），这是在教育过程中值得每个人思考的问题。

（四）自主性

一般而言，每个主体对同一名词的理解都是不一样的。所以，毫无疑问，自主性从不同的学者角度考虑必有着不同的理解。首先，从关联主义的慕课推崇者来看，"自主性"标志着学习者可以根据自身的情况来设定适合自己的阶段性目标；其次，特定的主题限制内，时间、地点、质量投入的精力等要素都是靠自己把握的；再次，课程学习的形式和程度也都是靠自己来衡量的；最后，其课程考察缺乏准确的标准。当然，特殊情况除外，但值得注意的是，学习者都必须根据自己的真实情况来进行比较准确的评价，总之，这种类型的慕课完全依靠学习者本身的自觉性。

但是，从另外一个角度来看，除了极少数学者的看法，大多数学者都认为慕课的自主性是学习者对自己学习体现出的认真、负责态度的象征。此外，学生进行有效的慕课学习的原理是：从教师规定基本任务出发，学生可以进行自主的探索、研究，并对此课堂的重点进行更加透彻的理解以及积极进行不同个体间的讨论，其中，最重要的是学生必须积极主动地学习。

四、慕课的教学方法

（一）分布式学习与开放教学

慕课的教与学是基于互联网的教与学，因此，慕课教学法自然离不开互联网思维的影响，Web4.0、分众、众筹、分布式学习、开放内容与开放教学等，都可以归结为慕课教学的策略与特色。

回顾早期的慕课，学习当前主流慕课平台上的这些课程，不难发现，慕课教学实践中的这些开放内容、开放教学、分布式学习的鲜明 Web4.0 思想，并由此逐渐形成慕课不同于以往学校课程，乃至以往在线课程与网络课程的教学法特色。

（二）带有测验题的、短小精悍的视频

视频作为教学材料，在远程教育与开放教育实践中的应用由来已久。然而，以往的视频课件由于缺乏互动，加之时间普遍过长，不符合互联网时代人们的认知规律和"注意力模式"。为此，短小精悍的在线教学视频开始受到人们的普遍欢迎，这也是微课盛行的原因。

其实，在现有的慕课平台和课程实践中，人们看到的课程视频，除了短小精悍之外，还有一个非常突出的特色就是在课程视频中嵌入测试题。嵌入了测试题的课程视频看起来似乎更加短小精悍。这些测试题既是对学习者在线学习效果的检查，同时，又可以使课程

视频变得便于交互，互动性更加突出。

在慕课中的课程视频方面，特别值得一提的一点是，几乎所有的慕课都提供了短小精悍的课程简介视频，从而使学习者在选择课程之前，对课程的目标、内容、形式以及学习成果有一个清晰、明确的认识，而这些短小精悍的课程简介视频本身又是对这门慕课的一种宣传和营销。

其实，在传统学校里，绝大多数课程简介，往往是高年级学生向低年级学生的一种口耳相传，而这种口耳相传难免会带有高年级学生自己的理解和认识，因此未必是全面的、准确的和正确的。在学校里，如果可以将慕课中的这些课程简介视频，引入到现实的学校课程与教学之中，相信对于推进中职教育的混合学习会有很大的帮助。

（三）慕课学习是一种自觉、主动与有组织的学习

慕课的学习，是以学习者自己习惯和喜欢的方式学习，是按照学习者自己的步调和节奏来展开的学习，是完全基于个人兴趣，为了自己而由自己给自己设定目标所进行的学习。

因此，慕课学习是完全自觉、自主、自愿、自控的学习。

慕课遭受质疑比较多的地方在于，学生不学习怎么办？的确，学习的自觉性和主动性是任何学习的基础与前提。在线学习的特点之一就在于自觉性、自主性和自控性。

过去一直有人追问，慕课与在线课程有什么区别？与学校视频公开课有什么区别？与传统学校的课程到底有哪些不同？一门慕课与一门传统课程之间最大的一个区别就是，慕课的学习是完全自愿的。你决定自己是否要参加，决定自己要以什么方式参加，觉得对自己有意义，然后你就可以参加。但是，如果你觉得无聊，不想参加，那就可以不参加。

从中我们不难看出，慕课的性质便是学习者能够进行积极主动、自组织学习。自觉、主动与自组织学习也是慕课教学法的特色之一。

（四）同伴评分与评估

学习者是重要的学习资源。慕课作为一种具有绝对优势的课程，必然具备以下优势：在线课程规模大；参加课程的人数多，少则数千人，多则几万人，甚至几十万人。如果将之与传统课堂相比较的话，它们之间的规模简直存在着天壤之别。如若每日专门负责作业的批改，要批改完所有学习者的作业，少说也得 150 年。

由此，我们可以从中归纳出以下规律：即大部分慕课平台所常用，对学习者各方面进行评价的方法是同伴互评与评估。这既是慕课平台与教师团队的无奈之举——面对十五六万名学习者，的确没有更好的办法；同时，又可以说是慕课教学组织的一项创造和

创新之举。而这种同伴互评或称为同伴评分与评估，在本质上是一种"同侪互助学习"。

"同侪互助学习"（Peer Learning）是一种新型的合作学习模式。它是学习者在教师的安排指导下，被分配成互助小组，共同完成教师布置的任务。在非正式学习情境中，它是指学习者自发形成互助学习。它可以看作是学习者之间相互请教问题、开展与学习相关的情感交流、进行头脑风暴彼此启迪智慧等。

由于慕课可以吸引大批学生，其中不乏一些很有经验和有素质的学习者。这些学习者可以帮助和指导那些缺乏经验的学习者。在某些情况下，学习者之间展开的同伴互评（Peer Grading），完全可以用来协助授课教师的课程教学，并使作业的批改者和被批改者都能从这种同侪互助中受益。当慕课迎来了如此多学生的时候，这种"退而求其次"的同伴互评方法，似乎是不得不做出的无奈之举。在慕课中，同伴互评自然就不可避免地涉及不同文化中的人们如何对同伴进行文化假设的问题，而且与阅历丰富的教授相比，年轻的学生在文化上反而更趋保守。

（五）实践社群中知识的建构

无论参与慕课的人数多少，每一门面向全球学习者的慕课，其实都形成了一个全球性的、专门性的实践社群。

在实践社群中学习者的学习与知识建构，成为慕课教学法和学习方法中的核心意义。假如这个观点成立，如果实践社群中学习者的知识建构是慕课教学法的重要组成部分，那么，实践社群中学习者的知识建构究竟是如何发生的呢？

来自世界各地的学习者自发地走到一起，完全自觉自愿地聚集在一个慕课平台上，为了共同的主题、兴趣、事业，在课程论坛中建立学习者之间的互信，围绕课程内容和专题，开展基于网络的协作学习与合作学习，通过对话、沟通与交流，共享彼此的隐性知识，建立共同的实践，将在线习得的隐性知识转变成每一个学习者的显性知识，运用于各自的学习、生活、工作与日常实践之中。在这样一个全球性的在线实践社群中，聚集着如此多的具有共同兴趣的人，形成了一个庞大的在线实践社群，来自世界各地的学习者在这里建构自己的知识。

慕课的典型形象是以短小精悍的讲座视频和多项选择题为中心的。但是，人文科学、艺术、自然科学类慕课开始越来越侧重社群建构和社会性交互。对于教员来说，在这样一门课程中，教员的目标就是去建立一个学习社区。对于学习者而言，慕课学习的重要组成部分就是在实践社群中的互动与交流。因此，实践社群中知识的建构是慕课教学法中的一个重要组成部分。

（六）连通主义学习

连通主义学习理论是一种经由混沌、网络、复杂性与自我组织等理论探索原理的整体。该理论认为，学习不再是一个人的活动，而是连接专门节点和信息源的过程。学习是一个过程，这种过程发生在模糊不清的环境中，学习（被定义为动态的知识）可存在于我们自身之外（在一种组织或数据库的范围内）。我们可将学习集中在专业知识系列的连接方面，这种连接能够使我们学到比现有的知识体系更多、更重要的东西。

连通主义将学习看作一个网络形成过程，它关注形成过程和创建有意义的网络，其中也包括技术中介的学习、承认当人们与别人对话的过程中有学习发生。连通主义强烈关注外部知识源的连接，而不仅是设法去解释知识如何在人们的头脑中形成的。因此，从这个意义上说，连通主义表达了一种"关系中学"和"分布式认知"的观念。

从某一定义上来说，慕课的学习在本质上也是一种对连通主义的学习。正因如此，我们可以找出以下规律：该课程学习者的多样性；该课程学习者都有着不同的目的和方法。同时，也正因为如此，使不同学习者即使在学习该课程的同一阶段时的思维方式、学习途径仍然不一样。更造成了不同学习主体有着完全不一样的学习模式、思维习惯。学习者参与该课程的方式和模式不同，直接导致了学习者的学习路径不同。从中，我们不难得出以下结论：慕课课堂的学习是学习者个性化的体现，它决定了不同的主体必然拥有不同的交往方式、不同的思维方式、不同的学习模式。但不可否认的是，它的本质仍属于连通主义的学习。所以它必定具有其所有的特征，而"关系中学"和"分布式认知"便是其最典型的代表。

归根结底，就学习这方面而言，有一些行为不仅是一种监督和鼓励，而且还是一种连通主义学习的特色，如结伴学习、寻求监督与获得证书等行为，而这一切都源于人的属性，即人类是一种社会性动物。众所周知，果壳网 MOOC 学院在世界文化史上占据着独特的地位：一方面，体现在它拥有着世界上由数以万计的仰慕者、学习者组成的学校学习团队；另一方面，体现在它不单是中文互联网上影响最大的社区讨论评课点，还是世界上诸多华人学习的最大优秀平台，也是全球最大的华人学习平台。在这里，各民族可以毫无拘束、抛除一切干扰因素、毫无顾忌地探讨慕课，在共享课程与学习资源的过程中，相互取长补短，以谋求共同发展。不仅如此，各民族之间还可以相互监督，以求各民族文化共同繁荣。

（七）从慕课到小规模限制性在线课程：混合学习

伴随着慕课的发展速度越来越快，它在全球内所产生的影响是不可忽视的。首先，现在很多的机构和学校都立足于学习者的兴趣来研发自己的课程；其次，也有很多其他的学校在思考，究竟如何把那些世界顶尖一流学校的课程应用于自己学校的实际应用中去。因此，我们看到，有一些学校也在努力尝试着应用一种更好的课程——小规模限制性在线课程（Small Private On line Coursera，SPOC），我们所说的这种课程，在一种新的层面上又产生了新的教学环境，它本身的特性就十分令人值得思考，不仅能去除过去那种传统方式的不足之处，另外，还能在一定程度上融合比较大规模的课程。

把慕课资源融合到学校课堂之中，而且还可以以慕课的资源来对教师的综合素质进行提升，以求更好地为学生服务。同时，也可以促进学校课堂的课程教学改革，加快当前学校教学质量工作的改革，这对慕课来说，也是其进军全球的一个重要方向。

（八）精熟学习的新理念

我们常说到精熟学习，而精熟学习则是一种比较全新的教学方法，它的重点在于"教"和"学"。在这个过程中，它通过比较小范围的课程学习给每一个学生练习的机会，掌握技能。当然，不可否认的是，学生在学习步骤上的进度不同，有快有慢。因此，我们立足于这一点，进行精熟学习，尽量减小学生在学习上的差距，所以，我们又可以说精熟学习还是一种比较个性化的学习方式。

立足于精熟学习的教学实践，授课教师可以把所要授课的单元分割为一个又一个的小单元，在每一个单元中都有着自己的小目标，授课教师会告知学生自己的小目标以及相应的标准。倘若这个学生对这个小单元掌握得还不熟悉，它还可以再一次对这个小单元进行相应的学习。在精熟学习的课堂上，力求每一学生都学有所得，是精熟学习的总目标。

因此，我们所说的慕课学习也是一种精熟学习，在慕课学习的课堂上，精熟学习可以说是一种非常常见的教学方法。它本身作为一种远程教育的教学方式，在组织形式上有学生每周学习的阅读资料以及其他的活动。同时，在慕课的课堂上还有嘉宾的在线演讲和在线的研讨活动等，当慕课以小步骤的形式出现在课堂上时，就注定了它本身所具有的优越性是前所未有的，它是慕课将理论真正应用于实践的有效形式。

（九）在线学习的技术支持

我们知道慕课作为一种在线课程的远程教育方式，和传统网络授课也有着共同点，都是有着技术支持的。在慕课的学习过程中，学生本人进行学习的主观意愿是十分重要的，还有学习目的、学习愿望，以及学习的自觉性和自控性也是很重要的。这些也是有前提的，学生本人的学习素养和信息素养将在慕课学习中产生决定性作用。

不可否认的是，慕课不仅是建立在开放式学习的交流过程中的，而且也在某种程度上更加依赖于连通主义的理论和框架。所谓的学习者在这个过程中，是必须要依赖于连通主义的理论和框架的，只有学习者不断地积极参与到这个过程中来，它本身的价值和意义才可能得到实现。同时，它也离不开技术的支持，技术支持是很重要的一个方面。

（十）终身学习与非正式学习

在一定程度上，比较正规的学校和非正式学习是有不同的，非正式学习指的是在日常的学习和生活当中，在非正式的学习时间内接受全新知识的学习形式，主要指的是做中学、玩中学、游中学。比如，日常的打球、读书、沙龙等，它主要指的是成年人，而学习又可以分为非正式学习和非正规学习。

当慕课出现后，慕课为世界上很多人都提供了一种全新的学习方式，学习者可以享受到世界上最好的学校进行学习的机会，它是可以进行终身学习的。

在发展趋势上，慕课不仅存在于学校课堂当中，同时它也适应了时代的需求，逐渐被更多的成年人所接受。和过去的那种传统的课程相比，慕课的学习取决于学习者本人的学习意愿，在正规学习和非正规学习之间，慕课必定会成为一种十分清晰的界限存在于这两者之间。

人们在新时代里对慕课的看法也是不同的，有的人持赞成态度，而有的人则持反对态度，可谓褒贬不一。但无论怎么说，慕课都为这个新的时代提供了一种新的学习方式。

不管是赞成也好，反对也罢，它们都基于对慕课的课堂教育和传统的课堂学习立场上，对慕课提出自己的看法的，这些观点可以说是对传统教育方式的假设，其中不可避免存在很多错误的看法。但对于新生事物，它总是要经过实践的检验的，现在我们并不能为它盲目地下定论。

五、慕课的时代意义

（一）全民共享优质教育资源

传统的教学方式都是将所有的学生混杂在一个教室里，这种教学方法教出的学生效果是参差不齐的。在人文主义的学校采用了新的方法之后，学校的教育效率得到了很大的提升，也扩大了教育的层面。

在班级授课制中，一个老师可以同时教好几百个学生，然而，今天有了数字化技术的支持，而且特别因为有了慕课的诞生，可以让一个老师同时教成千上万、甚至是上百万的学生都不为奇，这就是慕课的优越之处。其中，最为优越之处就是，可以将世界上最优质的教育资源传播到世界上最偏僻的地方，可以做到让世界上最偏僻地方的孩子们也能享受到优质的教育资源。这是它最为特别之处，是传统教育方式所不能达到的效果。

慕课带来的是超时空的变革，不仅在全球各个角落我们都能学到优质的教育资源，而且还是移动的，可以走到儿哪学到哪儿，甚至可以反复学，十年二十年后再学。这就是一个巨大的变革，是"继班级授课制以后最大的一次革命"，它使教育超越了时空的界限，使优质教育资源全球共享、全民共享。

（二）促进教育公平

目前，在我国的基础教育中，没有什么是比实现公平更难的了，在中职教育领域也是如此。要想实现教育公平，最需要考虑的就是教师资源的公平问题。经过了以往的实践，教师队伍在一个比较小的区域流动尚且十分困难，更何况是在世界范围内的流动，简直是难以想象。目前，慕课的出现解决了这一问题，它让教育资源的流动更顺利，在华东师范学校的慕课中心和C20慕课联盟，已经在组织优秀的教师队伍，为更多的学生服务。这对促进我国的教育公平，提升我国中西部的教育质量起到了很大的作用。

（三）促进学习型社会的建设

慕课，通常都是以碎片化的方式呈现给大众的，它在当前这个时代，适应了城市生活人们的节奏，无论何时，无论何地，没有时间和空间的限制，只要有一些碎片化的时间，人们就可以随时随地进行学习，在自己的手机或者平板上学习一段微视频，开阔视野，进行学习，这样人们就不用千里迢迢跑到学校里去学习了。

在信息化的时代，一切都是很方便的，即便是传统的教育模式，也已经和时代不相适应了。在当前这个社会中，教育模式同样是需要进行更新的，教育方法也应当得到改变，转变为一个更加灵活的模式，这是极为重要的一件事。而对慕课来说，它本身就是一个比较灵活的模式，可以在任何时间任何地点让你进行学习。

有人曾经问过，有些在世界一流学校注册的学生最终的通过率也是很少的，于是，他们提出问题：慕课真的有用吗？当然，如果仅从通过率来看，慕课好像是很失败的。

但是，试问，我们学习的最终目的何在，仅是为了一纸证书吗？假设人们都只是为了这样的一纸证书而进行慕课的学习，那么，这样的目的无疑是功利的。这样的目的，在我们看来，似乎是很正常的，但它却是不正常的。学习的目的不应当只是为了一纸证书，其真正的目的应该是提升自己学习的技能，提升自己的素质。

什么是"学习型社会"？学习型社会是社会中的人很想通过学习来对自己进行提升，学习型社会应当尽可能地让人们实现学习的强烈愿望，并且应当尽可能地让每个人都进行学习，它绝不仅仅是为了一纸证书而进行学习的，因为，学习型社会并不等同于学历型社会。

就目前来说，不仅是中国，而且在其他的国家还有着重要的意义，使学生真正地远离家教，从互联网上下载好的视频，可以将世界各地的人们联系起来。有了互联网，一切都变得方便起来，当学生在做作业遇到困难时，可以通过网络向老师询问，或者是向其他的同学寻求帮助。这样，学生可以省去很多成本，老师也可以很便捷地联系到学生，为学生讲解疑难之处。

第五节 慕课在财务会计教学中的应用

一、慕课在财务会计教学中的基础理论

慕课研究的理论主要有认知主义学习理论、行为主义学习理论与连通主义学习理论，具体比较见下表5-3。

表5-3 各个学习理论的比较

项目	行为主义理论	认知主义理论	连通主义理论
重点	行为	认知	关系
分析单元	刺激单元	信息加工	网络节点
学习地点	个体	学校	网络
学习目的	经验获得	知识获取	素质提高
学习途径	刺激—反应	神经元	知识节点
互动结果	行为	知识	素养

关于行为主义学习理论的代表人物，主要是桑代克，后来又经过一些人的进一步丰富发展。这种学习理论认为在学习的过程中，主要是刺激与反应的联结，在某种特殊的环境中，当联结反应产生，学习本身作为一种学习活动就产生了学习行为，它所针对的是学习者本人面对外界的刺激时，进行学习行为而进一步获得经验和知识的过程。行为主义理论强调的联结是比较直接的，而不是间接的。它主要发生在外部，并不产生于内部。这种学习理论有一定的缺陷，它忽视了存在于学习者内部的活动过程。

在心理学不断进步的同时，人们对学习理论的研究也在不断地深入，因此，在这个过

程中，认知主义理论就产生了。而认知主义理论所强调的是，在学习者的脑海中形成一种特殊的认知结构，当环境对学习者进行刺激的时候，就有了 S–O–R 过程。当这种理论学习在人的神经元之间形成了一个信息加工厂，就把学习者的主观能动性调动了起来。

随着信息时代网络技术的快速发展和进步，人们对学习理论的研究更加深入，其中主要以西蒙斯与唐斯为代表，他们所奉行的就是连通主义理论，这种新生的连通主义理论并不是对前两种理论的否定，而是在前两种理论的基础之上获得了更大的进步，其中所产生的信息工具方便人们进行交流。

当然，行为主义学习理论也有自己的特殊之处，它是比较典型的 S–R 联结，所针对的对象正是过往那种教师与学生之间的关系，信息化时代的连通主义理论在新的时代顺应了新时代的需求，也顺应了广大人民的需求，促进了现代教育的改革和发展，从真正意义上把老师从课堂上解脱出来，进入真正便捷有意义的课堂，为学生们答疑解惑，促进学生与老师之间的友好交流。

二、慕课对传统教学的颠覆

信息技术的进步，带来了教学的新一轮改革，而且对传统的财务会计领域构成了极大的挑战和颠覆，它主要体现在教学资源、内容、互动，以及教学形式等方面上。

（一）慕课对传统教学资源的挑战

传统意义上的财务会计资源是十分有限的，很多的优质教学资源是很难实现共享和开放的。再加上会计的课本成本较高，和其他专业的教育课程相比较，在学生和老师之间，会计教学都没有得到足够的重视。传统的财务会计教学向社会传播仅是通过出版物的方式，而且个别的时候是用精品公开课的方式来对社会进行公开的，很少能对慕课的教育改革提出实质性的意见，在学校中更是如此，精品公开课很少向社会开放。

在学校的会计教学过程中，存在教学的封闭状态和个别学生对优质资源的垄断，以及对资源的独占，因此，慕课背景可以使财务会计教学的资源得到开放共享。而且在教学过程中，慕课能够使学生在教学平台享受到最优质的教学资源，并且能紧密结合企业的实际情况使水平突出的教师在群里脱颖而出。在授课过程中，通过微视频能够最直观地接触到企业中最新的原始凭证、记账凭证账户、会计报表等资料，并且能够书写规范、掌握各种凭证和账表的填列以及注意事项等，并在此过程中，通过模拟仿真软件进行模拟中的实践，从而提高了学生的学习热情与效率，使课堂更能吸引学生的兴趣。

（二）慕课对传统教学内容的挑战

传统财务会计教学与慕课教学相比不同的是，传统财务会计教学主要表现是教师授课，体现以教师为主体，学生作为被动反应的行为者进行行为主义学习模式。在传统财务会计教学中，讲解、演示、模拟是会计教学的主要流程，教师是设计者和组织者，是课堂的主体，而班级的一切事务都主要由教师处理。例如，班级分组、材料的发放、操作规范及进度安排、注意事项等，这些在很大程度上抹杀了学生的主体性。而教师作为授课的主体，课堂内容、问题答案都是预先安排的，而学生只是机械地模仿教师的思路，不会挑战教学权威或者对教学过程产生怀疑，大大降低了学生的积极性，无法培养其独立分析和独立思考问题的习惯，从而抑制了学生的创新能力。

与传统财务会计教学相反，慕课教学是以学生为中心，其教学方式呈多样性，多为利用现代化信息技术实现人与人之间互帮互助的连通主义学习模式。在这个模式下学生作为学习的主体，以学生为中心，教师不再是单一的传授者，它的职能表现在更多的辅助效应，而知识的讲解主要由课上转为课下，这就需要学生们通过网络教学平台和仿真实验平台进行线上学习，以及模拟操作、搜索资料、在线测试答疑并相应的互相交流活动。在这个过程中，教师进行演示，指导学生进行模拟操作。运用这种教学方式，能够促进以学生为中心的学习形式形成，能够充分调动学生的积极性，有利于提高其实践能力和创新能力，有效地融入学习生活中去。

（三）慕课对传统教学互动的挑战

我们认为，传统财务会计教学中互动较少。而学习应发生在个体内部，它有内化学习者的活动，并承认学习者生理特征在学习中的重要性，且忽视外部性与技术的作用。而在行为主义理论的指导下，传统财务会计教学中都是教师授课，学生只是被动地接受知识，是学习的承受者。在传统的实验教学过程中，即使是由小组成员来完成实验操作，但由于学生缺乏相应的实验理论知识，在日常课程中对于授课内容不了解无法向老师教学提出质疑，因此，只能按照老师的教学程序进行操作，实验结果只能是唯一的。这样，就造成学生与教师之间互动交流少，而学生与学生之间也无法形成相应的互动。

（四）慕课对传统教学形式的挑战

传统财务会计教学仅限于课堂。行为主义理论与认知主义理论是在信息与网络技术不发达的条件下形成的，其认为学习的空间场所是学校，学习活动主要在课上完成，教师讲解注意事项，演示操作步骤，课下学生完成教师布置的作业。这种集中授课方式不能体现个性化教学，由于受到实验材料和小组分工限制，每个学生不可能接触到全部实验操作。

三、慕课背景下财务会计教学改革的局限性

慕课背景下财务会计教学利用现代化网络技术，对传统教学形成挑战。我们在为慕课教育改革欢欣鼓舞的同时，也应进行"冷"思考。慕课背景下财务会计教学改革存在的局限性主要表现在以下几方面：

（一）慕课不能解决会计教学的实务操作问题

会计实验课程是在"基础会计模拟实验"课程的基础上，衔接"中级财务会计学"课程理论教学内容的实验课程。本课程是"中级财务会计学"课程理论教学的延伸，是介于"中级财务会计学"课程理论教学与实际工作之间的教学环节。本课程侧重于财务会计实务操作技能的培养。教学目标是让学生对一个会计主体正常经济业务（从审核和填制原始凭证、填制记账凭证、登记账簿到编制财务报表）的财务会计实务有程序化的认识，通过实务操作加强其对财务会计的系统理解。由此看出，区别于会计专业理论课，财务会计实验课实务性比较强，需要学生亲自体验和探索，才能真正掌握该知识。学生课下微视频听课、线上互动交流、做练习，这都是为课上实务操作进行的前期准备工作，只有充分准备才能进一步为课堂教学打下良好基础，深化教学内容，课上学生之间以及教师与学生之间的互动交流才更有价值。因此，慕课并不能解决财务会计模拟实验的学生操作问题。

（二）慕课背景下财务会计教学的自组织性

建构主义理论认为学生才是整个财务会计教学的主体，而教师是学习引导者、组织者与评判者，会计教学应是学生主动学习，而非教师强制灌输。慕课背景下财务会计教学正是建构主义理论的良好体现。慕课背景下将传统财务会计实验教学的讲解、演示环节交由学生课下自主解决，学生通过网络可以不受时间、空间限制进行学习，不受任何监督与约束，完全体现了学生的自组织性，这是慕课所带来的最大革新。但在自组织性下，整个学习过程缺乏有效监控机制，使学习者的线上学习过程完全失控，学生不能高质量完成实验要求的微视频观看、作业任务、交流互动、网上测试等环节，学习效率得不到有效保障。因此，完全凭借学生自组织性完成学习任务只是一个理想状态，很难满足当前形势下学生的需求。

（三）慕课背景下财务会计教学育人向善问题

教育既是"教"又是"育"，不仅要培养学生的财务会计实务操作技能，而且要培养学生爱岗敬业、诚实守信、廉洁自律、独立性强等良好的会计职业道德。慕课背景下学生

利用现代化通信技术通过计算机终端面对影像镜头学习,难以与教师面对面进行情感交流。虽然慕课背景下通过慕课平台教师与学生之间、学生与学生之间可以相互交流学习,但这种"言传"往往是无效或者低效的,教师与学生之间无法通过情感交流建立信任,学习只停留在浅层次的技能掌握。而会计模拟实验技术层面的衍生职能,如会计岗位的内部牵制制度、职业判断及良好职业道德的培养,由于课程内容所限,在线学习很难涉及,这部分内容又恰好对于培养学生正确的价值观、更好适应将来的工作岗位非常重要。因此,去人工化的实验过程无法承载学生的价值创造与品性培养,育人的职能难以实现。

(四)慕课背景下财务会计教学效果评价

慕课背景下财务会计教学效果受到了学者们的质疑。虽然学生通过微视频听课,与教师、同学之间互动交流,但这种交流只停留在浅层次水平。财务会计课程可能面对众多学生,有时教师团队难以一一解答所有学生提出的疑问,平台评价环节的选择题、判断题、简单的问答与论述题,很多时候都是由机器预设答案完成,答案是结论性的,机械式人机对话很难激活学生的思想潜能,单向视频传递造成学生思维僵化,面对问题往往线性思维,束缚了学生思维的发散,不能引发学生独立思考,需要深入理解和做出职业判断的问题,很难通过单纯的网上互动环节得到及时、有效的解决。因此,慕课无法培养学生提出问题、分析问题和解决问题的能力,学生评判性思维无法得到有效锻炼。

四、慕课环境下基础会计教学的基本流程

(一)课前准备阶段

1.教师应借助网络平台,充分收集学习资料

目前,国内网站关于会计教学的学习资料和视频都非常多,这些视频资源质量参差不齐,而且缺乏一定的针对性,与教师的教学计划有出入,难以满足实际的教学需求。因此,对于教师而言,不能采用现有的网络资源进行教学,而应该根据学生的实际情况,学生使用的教材,相应的知识点等,合理选择并整合现有的学习资源。教师在收集学习资料时要全面,避免单一化。

2.教师应将慕课理念融入教学设计,整合教学内容

当今学生接收信息的途径简便,学习渠道多,慕课就是其中之一。如果教师不能与时俱进,讲的知识很可能无法吸引学生,不仅不能激发学生的学习兴趣,甚至会打击学生的学习动力。因此,教师在课前准备阶段,可以借助慕课理念,重新梳理单元教学内容,把适合通过教师讲授、演示的知识点分离出来。例如,可以将基础会计教材内容按照实际工

作要求，拆成一个个连贯的项目，每一个项目细分成若干个知识点，根据知识点的重要程度和难度，进行教学设计。重点难点部分可以成制作教学视频，供学生课后消化吸收。

当然，在教学内容的整合上，需要教师投入大量的时间和精力，学校可以根据自身的情况，成立课程改革小组，不断探索和寻找适合学生学习的教学模式。

3. 培养学生课前自主学习的习惯和兴趣

教与学是统一的，学生课前能自主学习相关知识，对课堂教学有很好的促进作用，能大大提高教学效果。学生课堂下自主学习，对学生的自控能力有较强的要求，教师需要在课前设计好相关的问题或任务，要求学生在规定的时间里完成相关的任务，收集学习过程中存在的问题。通过建立 QQ 群、开通微信、制作短视频等方式，与学生保持交流和学习，把相关的学习资料、课外学习网站、作业、练习等上传到群共享，供学生下载学习。这样，教师能及时解决学生反馈的问题，拉近教师与学生之间的距离，大大提高教学效果。除此之外，为了监督自制力较差或者学习懒散的学生，将课堂下的任务完成情况，严格纳入考核方式里面，通过加大过程性的考核，提高学生自主学习的兴趣。

（二）课堂内化阶段

课堂内化阶段就是以教师和学生为主体，教与学相统一的现场直播，与慕课学习相比，同样的教学设计和授课教师，学生与教师面对面的交流更胜一筹。问题在于：同样的一门课程，不同的教师授课会产生不同的效果，有的教师能更好地吸引学生，受学生的欢迎，课堂效果好，有的则相反。这跟教师的教学能力、教学手段等是分不开的。

（三）课堂后巩固阶段

在校学生必须培养和提高其自学能力，充分发挥主观能动性，而这些能力的培养和提高，关键在学生对课后时间的利用。为此，可以建立课程 QQ 群和微信群，方便和学生随时交流，并及时发布课程相关信息，对于学有余力的学生，还能在群里选择完成拓展任务，阅读课程拓展资料等。通过建立课程学习讨论群，能及时发现学生学习存在的问题并予以解答，既增加了师生感情，也帮助学生在学习的自主安排、学习内容和学习方法的自主选择上提供帮助和建议。

五、基于慕课的翻转课堂双语教学模式设计——以管理会计课程为例

（一）选择"管理会计"双语慕课视频及在线学习平台

挑选慕课视频的标准有4个：①关联性。视频涵盖的知识点与教材内容关联。②趣味性。

视频中包含丰富的动画、图片，能直观展示课程的主体思想。③外语难度适中。视频中的外语难度与学生现阶段的外语水平大致匹配。④短小精悍。每段视频时间在 10 分钟以内，因为"学生的视觉驻留时间一般在 5 ~ 8 分钟"。

（二）以慕课为基础，应用翻转课堂双语教学模式

在"管理会计"课程中应用基于慕课的翻转课堂双语教学模式，需要从教学设计和教学安排上对传统双语教学模式进行改革。

首先，根据教学大纲和教学计划，安排"管理会计"双语课程每次的授课内容。课前，教师将本章节相关慕课视频和课前测试题上传到本校网络课堂教学平台，供学生课前预习。测试题多为基础的认知型题目，主要用于测试学生对慕课视频中知识点的掌握情况，从而方便教师根据学生自学效果安排本章节的课堂教学进度和内容。

课中，学生带着疑问进入课堂，由教师主导课堂的开展，问题是贯穿于"翻转课堂"教学的一条主线，教学内容是以问题的形式呈现并在问题解决中生成的。以"本量利关系"（CVP Relationship）的课堂安排为例，教师在对课前测试题答疑解惑的基础上，对课前慕课视频中的"本量利分析"知识点进行延伸和拓展，引导学生提问和自主讨论，探索交流、分享成果，加深对该知识点的理解。整节课以一个分析案例（Coffee Katy）贯穿课堂始终，由教师组织学生对案例内容进行讨论，给学生创造更多用外语交流互动、利用外语专业知识解决管理会计问题的机会。最终，通过自主、合作、探讨、交流、展示、反馈等学习活动，使学生真正成为学习的主人，从而实现课堂的"翻转"。

课后，学生可针对仍未理解的知识点在网上提问，寻求教师和同学的解答；教师则在网络课堂教学平台上发布课后测试题。在慕课翻转课堂后，一般都会有课后应用题提供给学生进行测试，这些测试可以有效地反映学生课堂的学习情况，也可以检测课堂上课的情况。

（三）利用在线学习平台，完成以形成性评价为导向的双语考核

目前，我国的教育虽然提倡教育改革，提倡将应试教育改为素质教育，但是，这并不是说考核已经不重要了，考核是检测学习情况和教学情况最重要的方式。管理会计专业是十分重视课后考核的，他们的考核机制是全英文的，平常的课堂教育也是双语教育，就连平时的论文报告也是必须要用英文书写的，他们的考核已经成了一种习惯，一年多次。当然，他们的考核也是综合方面的，并不以成绩作为唯一参考对象，还包括课堂学习情况、作业完成情况以及参与课外活动等。

（四）基于慕课的翻转课堂双语教学模式的应用效果

慕课教育现在在中国还没有完全推广，所以部分人对它抱有一定的怀疑，我们将采用对比的手法，对中国传统的双语教育模式和我们现在正在使用的慕课翻转教学模式进行分析，来突出两种教育模式的优劣。在两种模式的对比分析下，我们只能确定一个变量，其余都是定量，所以要保持两个课堂教学内容上的一致，进度上的一致，并且老师也要一致。这样才能公平地突出翻转课堂相对于传统课堂的优势所在，两者又有什么根本的不同。慕课教育模式相对于传统教育模式有以下几个优点：

1. 慕课视频有助于提高学生对管理会计专业知识的兴趣

传统课堂缺少直观性的内容，同学们只是在听老师讲，看老师写，这样的课堂，并不能充分调动学生的积极性和参与性，效果是十分不明显的。而相比之下，慕课教育在课堂上包含了大量的视频、图片，将文字的东西转化为图像化的东西，更容易被学生所理解和接受，也更加生动形象。比如，在会计管理慕课教学课堂上，老师给同学们播放本利量分析的视频，通过视频的学习，学生可以很清楚、很直观地看到成本、售价以及利润的变化，原本枯燥无味的课堂也生动起来了。大部分学生都认为慕课视频中的知识更容易被自己理解，信息也更容易掌握。

2. 翻转课堂教学模式有助于营造双语交流的情境并提高教学质量

环境是十分重要的，孟母三迁就是一个很好的例子。会计管理专业的学生想要学好本专业，就需要在一个良好的环境中进行学习，而慕课教育模式便让这一切成为现实。在慕课教育的课堂上，往往会有丰富的活动，这些活动主要表现为小组比赛和课堂相互交流讨论。小组的比赛可以很好地锻炼团队的合作能力，而相互讨论交流更有利于学生将知识转化为能力，突出了学习的实践性。大部分的同学都表示在慕课课堂上，学习的气氛更加活跃，同学们也变得更加积极了，这就实现了营造良好学习环境的要求。而质量方面主要体现在成绩上，慕课课堂与传统课堂学生的成绩是有差距的，特别是时间一久，两班成绩差距就越大。在刚刚的对比实验中，对两班学生一共进行了三次测试，仅三次测试就可以体现出差距的变化。第一次测试是开课不久之后举行的，两班成绩差距甚微，但之后的两次差异就大了，平均分相差 5 分左右，特别是在分析题上，差距更为明显。通过这些实验，我们可以很清楚地发现接受慕课教育的学生更加具有动手能力，在实践中表现得更为突出。慕课教育确实有利于会计管理专业的学生对专业知识的掌握，并且可以提高他们的实践能力，增加他们的经验，这就达到质量的要求了。

3. 翻转课堂有助于培养学生的决策能力

慕课课堂不像一般的传统课堂，一节课全部用来讲理论知识，或者一节课全部用来做作业。慕课课堂倡导课堂的分化，这个分化不是人员的分化，也不是内容的分化，而是指时间的分化，它倡导将上课所要学习的内容全部放在课堂内传授，而不是课下学习，并且会留有课堂时间对本堂课所讲的内容进行消化，一般这个过程会有两种实现方式：第一个是课堂讨论小组进行讨论；第二个是课堂模拟公司会议，让他们在这些课堂活动上去理解。会计工作是怎样的？会计工作要注意什么问题？这对于学生对事情的看法是有所帮助的，也有利于学生决策意识的培养，而参与到实验中的学生大部分表明，慕课课堂和慕课课上活动对于他们更好地学习会计专业知识，掌握会计技巧是有一定帮助的。

4. 在线学习平台有助于提高双语教学考核质量

随着科技的不断发展，在线学习课堂终将取代实地课堂，在线学习课堂相对于实际课堂的优势集中体现在它的方便性。第一，是对学生来说更加方便，学生随时随地都可以接受课堂教育，与教师联系，同时，自己或者自己团队所创造出来的学习作品也可以直接发布到网上，不用担心保留问题，还可以借鉴其他同学发布在网上的作品、报告、论文，达到相互学习的目的。第二，是对老师的。老师上课地点可以更加灵活，也可以达到课堂环境的无尘。再者，课堂成绩、考试成绩也会被记录在电脑档案中，方便老师查找和统计，也可以更好地评估课堂学习情况和课堂教学情况，与学生的关系也变得更加亲密了。第三，是对全体师生的。考试试题采取从试题库中抽取的方法，有效地防止了考试作弊情况的发生。当然，这种口头话的讲述和接受，也有利于学生口语能力的提高和交往能力的提高。

第六节　财务会计实验教学的慕课改革方案设计

一、转变教学理念，提高改革的自觉性

会计财务实验教学在进行慕课改革过程中会发生翻天覆地的变化，这种变化主要是针对教师而言的。教师本来的工作是课上授课，向学生传授他们并未接触的知识，是课堂上的权威，但是现在进行慕课改革后，学生可以在慕课线上学习平台通过观看视频、进行讨论等方式首先预习和掌握课堂所要学习的内容。而在课堂上，学生需要解决的问题就从原来的掌握知识变成了现在的解答疑惑，所以，老师的地位也发生了变化，从权威者变成了解惑者。同时，老师也参与幕后的教案设计、教学设计，便出现了分工现象。但是，这些东西对于老一辈的教师来说，是难以接受的，他们对这种现象是抵制的，并抱有怀疑态度。

想要减缓这种情况，就需要学校的帮助。学校可以说是专业的主办方，应承担起相应

的义务，只有慕课教育给学校、给学生带来明显的帮助，他们才会打消怀疑，减少猜测。所以，学校应该要调动学校下面的各个部门，特别是宣传部和学习部，加大对慕课教育的宣传，并支持有关慕课教育活动的举办。只有使慕课教育成为常态化，学生和教师才会更加主动，更加容易去接受它。那么，对于学生来说，在慕课改革下，应该找准自己的定位；作为一名学生，所要做的就是积极地去学习，养成良好的学习习惯，并找到适合自己的学习方法，要利用慕课来提高自己的会计素养。而对于老师来说，不能一味守旧，要更新思想，以学生为重，而不是以自己的经验为重，要帮助学生提高他的实践能力和自信心。

二、慕课背景下财务会计实验教学要与翻转课堂相结合

慕课课堂主要是指大规模的网络开放课程，而翻转课堂是指学生在课下学习相关知识，而在课上主要是与教师交流，解决主要的疑惑，这主要增强了学生的自主选择性，能使他们按照自己的意思去安排自己的时间。所以单纯的慕课课堂是无法实现调动学习氛围，增强师生感情的。当然，它对综合能力的培养也起不到很大的作用，所以，一定要将慕课课堂和翻转课堂相结合，这样才能达到课堂质量的最大化。由线下转为线上看似教师的工作变少了，实则不然，教师由台前的工作转化为幕后工作，他们将会形成一个强大的有组织的平台幕后工作团队，团队中的各个工作人员之间形成了契约关系。为了弥补传统学习上的道德缺失，教师和团队都需要承担更大的责任和义务，不同的教师担当不同的角色，并做好其分内的事。而慕课课堂和翻转课堂的结合也是传统教育与线上教育的结合，这样有利于充分利用线上与线下两大资源，节约了时间，也提高了资源的利用率，有利于提高教育的水准。外人并不了解慕课与翻转课堂是如何结合的，图5-3详细地介绍了它们是如何结合的。

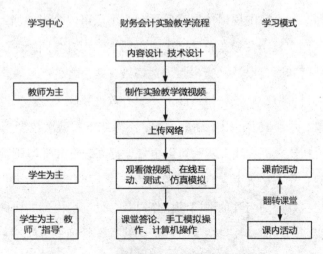

图 5-3 慕课与翻转课程结合流程图

从慕课与翻转课程结合流程图上，我们可以明显看出它主要的流程。它把整个课程分为三个部分，第一个部分是教学部分，教学部分又分为三个小步骤：首先，教师必须做好充分的准备，创作出包含了每节课内容的小视频，这些小视频学生在课前应该观看完毕，并且有选择性地掌握好其中的基础性知识，如果有不会的要留在课堂上向老师请教，这一过程也可以称为是查漏补缺的过程；其次，是课堂讨论，这个过程是帮助学生消化理解所学的知识的过程；最后，是教师在学习后对学生进行的课后辅导，这个步骤可以在线上完成。而翻转课堂的功能是将与会计实验操作有关的问题扩大，像一些职业性的问题就会在学生学习会计知识、解决会计问题过程中去学习和解决。两种课堂的结合能有效缓解传统的教学问题，不仅保留了教师的指导地位，同时也培养了学生的自主性，可以让学生自主去安排自己的时间，这与以前学生被老师、被学校安排的情况是完全不一样的，有效地提高了教学的质量和学习的质量。

三、应设立财务会计仿真实验教学平台

有人会提到这个问题，慕课是一种线上教学，它只能保证教学的质量和学习的质量，但是面对一些实验性、操作性较强的学科，慕课又能保证它的学习质量吗？这个问题是值得我们深思的。即使是会计专业，它其中也包含了财务会计操作实验课，这项课程操作性是十分强的，如果学生没有亲自去尝试，而只是听老师或者同学将实验过程口述出来，只能说是学到点皮毛，根本无法真正理解操作过程，也无法真正掌握操作技能。所以，慕课现有的教学软件是无法保证操作实验的学习效果的。那么，我们应该怎么做才能保证实验性较强的学科的教学质量和学习质量呢？最新最有效的方法是建立一个线上仿真模拟实验平台，不管是物理、化学、会计等专业，都可以在线上模拟仿真实验平台进行实验。并且，这是一个可以选择参与人数的模拟仿真实验平台，不仅可以个人参加，也可以小组参加。同时，老师可以制作实验小视频发布到网上，供同学们观看、回顾。当然，视频中要包含实验原理、实验器材和原料以及实验步骤。这样做有两个好处：第一个，是减少了实验花费，现在的实验器材价格都比较高昂，线上实验有效地解决了这一问题；第二个，是能使实验更加生动形象，并且学生可以不断地回顾，不像线下实验次数少，不容易被学生理解，也不方便。所以，相比之下，线上实验可以更好地提高教学和学习质量。

其实像会计这门学科，尤其是他的实验课程在线下进行会耗费大量的人力、物力、财力。比如，像公司会计部门与其他部门的协作以及会计部门内部的协调，这些实验在现实生活中是很难以实现的。但是，自从有了线上实践操作管理平台就不一样了，它可以很真实地重现现实生活中的场景，让我们可以充分体会到会计工作的工作过程，这些都是线下

实践所不能达到的。

四、慕课背景下财务会计实验教学的他组织性

如果一个系统靠外部指令而形成组织，就是他组织，像我们的传统双语教育就属于他组织。如果不存在外部指令，系统按照相互默契的某种规则，各尽其责而又协调、自动地形成有序结构，就是自组织。类似于我们现在使用的慕课双语翻转教育模式。许多人将自组织和他组织看作相互矛盾的两个方面，其实，它们的关系类似于主要矛盾与次要矛盾，都是一个矛盾中所包含的事物，它们是相互联系、相互依赖、相互影响的，主要矛盾支配着次要矛盾，次要矛盾又会影响主要矛盾。我们将国家和学校的政策与目的看作主要矛盾，而将自我发展和安排看作次要矛盾，那么，我们既不能一味地遵从学校安排，这样不利于个人个性的发展；也不能一味任学生发展，有一些发展是无效的，必须要求学校、教师加以引导和管理。

面对他组织与自组织，甚至更强调自组织的方向发展。有人会提出新的质疑，线上课堂大部分是学生自主学习，但学生真的有那么强的自律性和自觉性吗？是的，即使是自觉性极强的学生，在学习上也需要加以引导和管理，否则效率是无法得到提高的。这就是为什么一个学校的核心部门集中在行政部的原因。所以，即使有了线上课堂，学校也不应该放松对学生的管理和监督，教师也要对学生的学习效率做出初步的估计。

五、通过课堂教学提高学习效果

中国有一句老话：菜好吃，但不能当饭吃。这句话用于形容线上课堂和线下课堂是十分恰当的。线上课堂相对于传统课堂来说，的确有很多优势，但却不能取代线下课堂。相较线下课堂，线上课堂传输的知识是一种信息的交流，而不是感情的交流，学生也是初步、浅层地了解课堂专业知识，并不是真正地掌握专业知识，并且也存在一定的知识漏洞。而线下的课堂可以让学生和教师相互交流，提高学生对知识的理解，也可以达到查漏补缺的作用，这也是为什么我们提倡将线上课堂与线下课堂结合的原因。线上课堂和线下课堂两者是相辅相成的，只有两者相互结合，学生才能真正地掌握知识，并把这些知识运用到实践当中。线下课堂的另一个优势是能更好地让教师掌握学生的学习情况，线上课堂引进的是国外评价系统，对于中国教育并不完全适用。单纯的线上评估相对于现在的水平来说，还达不到一定的正确率，不一定与学生本身的学习情况相符合。所以，将线上课堂与线下课堂结合起来是非常有必要的，它能有效地促进学生在线上课堂进行自主学习，也会促进学生积极参与到线下课堂活动中来，并将老师在课后布置的作业认真完成，这对于提高教

师的教学质量和学生的学习质量是十分有利的。

六、学校应为实验教学改革创造制度条件

在进行慕课改革后，教师从以前的权威地位变成了幕后的工作人员，但这并不代表他们的工作减少了。他们不仅要参与到线上课堂课前的课件、课业制作，也要参与到慕课的视频制作当中去，并且在线上或者线下随时为学生解答疑惑。所以，教师的教学质量直接影响到了学生的学习质量。因此，学校要对教师进行定时的评测和考核，并制定考核的标准，就像线上课堂可以采用学生在每次完结后进行匿名的自主评价的方法，对老师进行测评。当然，也要制定一定的鼓励政策和激励政策，老师们也是很辛苦的，特别是转入幕后工作后，思想就有了松懈，所以，对表现良好的教师进行一定的激励是十分重要的，这个激励可以是思想方面的，也可以是物质方面的。再者，也应该为学生跨专业学习提供机会，并承认其跨专业学习所修得的学分的合法性。另外一点，是学校应该引入一定的市场机制。会计专业的学生以后是为市场服务的，而学校是一个类似于政治文化机构，它对于市场的了解是远远不够的，所以适当引入市场机制，有利于充分地让学生了解市场的运营机制以及公司的管理机制，这样做会给多方面带来利处。

第六章 会计教学的实践

第一节 实践教学能力的内在机理

一、实践的内涵

实践是马克思主义理论体系的核心概念，其基本含义是指"行动""行为"及其结果，是一个同"识见"相对立的概念。古希腊著名的哲学家亚里士多德认为实践是指"以自身为目的，而不仅仅为了某种另外目的所尽心的理性行为"。亚里士多德把实践囿于政治和伦理领域，马克思则把实践拓宽到生产、工作领域建立起了生产实践理论，并赋予其新的含义。在我国，"实践"一词合并使用最早见于《宋史·理宗纪》中的"真见实践，深探圣域"，但其基本含义在先秦时期就已包含在"行"这个词中被广泛使用，主要与"知"相对。特别值得一提的是，自从《实践是检验真理的唯一标准》一文发表后，实践一词在我国广泛使用，妇孺皆知，其含义为：人类在具体的、现实的世界中有目的的活动，也是人类能动地改造自然和社会的全部活动，具有主体性、能动性、整体性等特点。社会生活在本质上是实践的，实践是认识的基础，认识发展的源泉和检验真理的标准。

二、实践教学的内涵

实践教学作为一种古老的教学方式，在教育领域已经存在了数千年，相信还将继续存在下去，保持旺盛的生命力。我们要使用实践教学这种教学方式必须了解其内涵，明白其外延，才能驾驭实践教学。那么我们如何来界定实践教学的内涵呢？教育大辞典为实践教学下了如下定义：实践教学又称实践性教学，是相对于理论教学的各种教学活动的总称，包括实验、实习、设计、管理、实际操作、工程测绘、社会调查等。

三、实践教学能力的内涵

教学能力是教师达到教学目标，取得教学成效所具有的潜在的可能性，它由许多具体的因素所组成，反映出教师个体顺利完成教学任务的直接有效的心理特征。教师的实践教学能力指教师根据教学需要，在一定教学理念指导下，选取相应的实践材料和设备按照一定的方法、步骤组织实践教学，使学生获得知识、形成素质的能力。实践教学能力成为学校教师开展实践教学活动不可或缺的能力。

四、实践教学的特征

实践教学能促使教师摒弃照本宣科，引导学生身临其境地参加实践活动，激发学习动机，让其在实践中学习，边实践边学习，边学习边实践，在实践中培养能力，达到学以致用。实践教学作为一种有别于理论教学的教学方式在人才培养过程中发挥重要作用，它有着自身的独特性。

（一）综合性

教育是一项综合性工程，实践教学就其教学内容、教学形式上而言也是综合性的，实践教学内容就综合了基本理论和基本技能的实践教学、综合知识和技能的实践教学等内容，而实践教学形式又可以分化为课堂实验、实训和实习等形式，而且现代学校的职责是教书育人，不仅要教会学生知识和技能，学会做事，提高解决问题的能力，而且做事先做人，在教学过程中要融入思想政治教育，教会学生如何做人，做社会需要的人。

（二）现场性

实践教学突破理论教学限于班级授课的教学组织形式，拓宽教学组织空间范围。实践教学并不是囿于课堂或学校这"象牙塔"的教学范围，具有较强的开放性和现场性，不拘一格开展教学活动。实践教学鼓励把课堂搬到学校实训室、企业中，注重与社会现实交接，让学生接触仿真或真实的情境、资料，按照社会对人才的需要来培养人才，学生走向社会，到社会这大课堂中学习，在实习实践过程中学习，感受现实，边学边实践，提高学生的感性认识，促进问题解决能力的提高。

（三）开放性

实践教学和理论教学分属两种不同类型的教学方法，但实践教学并不是一个封闭的教学体系，与理论教学之间也不是各自为政，"井水不犯河水"，而是相互联系、相互促进的，你中有我，我中有你，共同为高素质人才培养发挥作用。

（四）主体性

实践教学颠覆了理论教学中教师的主体地位，学生将从教学的边缘走向教学的中心，取代教师成为学习的主体，这是学生能力形成的必由之路。在实践教学过程中，学生不再是被动的知识接收器，而是主动参与实践和探索，积极获取相关知识和技能。当然实践教学以学生为中心，并不是彻底否定教师的作用或教师不再需要了，而是重新认识和定位教师的地位，使其由主体地位转向主导地位，教师还是教学的组织者、设计者，学生学习的引路者、指导者，学生在教师的指导下发挥自己的主观能动性，主动实践和探索，以形成相应的能力。

第二节 会计实践教学的主要形式

会计实践教学并不是一种单一的方法，而是一种系统性的教学方式。会计实践教学的分类方法很多，从培养目标的角度可以把会计实践教学分为硬实践和软实践两方面。

一、硬实践

会计硬实践是指需要学生动手操作的实践教学活动，其目的是培养学生的实践动手能力，如会计实务模拟、会计实习等。这类实践教学活动要求在具体的实践现场且学生直接动手操作，主要目的是进行动作性的技能训练培养学生规范、熟练的动作技能。

二、软实践

会计软实践是指训练学生的分析、判断和决策能力的实践教学活动，其目的是培养实际决策能力，如案例教学、项目教学等。这类实践教学的特点是以思维作为载体，通过语言逻辑思维、形象思维、直观动作思维等心智活动，以体验的方式进行教学活动，其教学内容、教学要求及教学过程等通常具有比较大的弹性，很难用一些硬性的指标去度量。

三、会计教师实践教学能力的维度

作为教师的业务素质，一般都非常注重这两方面：一是以学术知识与技术为基础的能力；二是展开实际的教育教学过程的实践能力。这二者相统一的能力，乃是作为一名教师不可缺少的素质。作为中职学校的会计教师，其实践教学能力也可以分为以下两个维度：一是会计教师自身的会计实践能力，另一是会计教师的培养学生实践能力的教学能力，如图 6-1 所示。

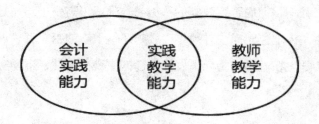

图 6-1 会计教师实践教学能力构成维度

前者从会计学科的维度来描述会计教师的能力，而后者则是从教师职业维度来描述教师教学实践能力，这两者相互整合形成会计教师的实践教学能力。会计教师实践教学能力的两个维度也与当前社会对学校专业课教师队伍中的"双师型"教师在理念上是一致的，"双师型"教师强调会计教师是会计师和教师双重能力的复合型人才，会计师的能力对应于教师自身的会计实践能力，而教师的能力则呼应于教师的教学能力，如图6-2所示。

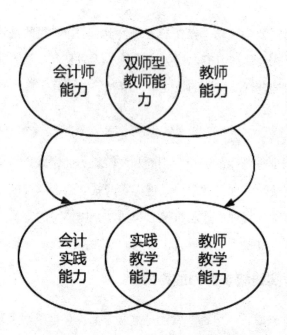

图 6-2 "双师型"教师能力和实践教学能力对应关系

从会计教师实践教学能力的学科维度上讲，学校会计专业培养的是管家型的初级会计师，教师欲教于人，必技高一筹，会计教师在会计实践能力上至少是具备初级会计师所应具备的能力，这是底线。但仅此是远远不够的，还必须在深度和广度上有所拓宽。教师所知道的东西，应当比他在课堂上要讲的东西多十倍、二十倍，以便能够应付自如地掌握教材，到了课堂上，能从大量的事实中挑选出重要的来讲。教师之于学生犹如一桶水和一碗水的关系，甚至是一河水和一碗水的关系，只有这样才能形成"能力差"，才能施教于学生。那么，学校会计学科在培养师资过程中对于学生的会计学科实践能力应该达到什么程度呢？"双师型"教师的首创者天津职业技术师范学院提出学生在毕业时必须达到高级工的操作水平；河北师范学校职业技术学院则要求学生毕业时必须取得某种工种的中级操作证书。由此可见，尽管各中职院校对"双师型"教师的理解不尽相同，但是其本质是相同的，就是要加强学生的学科实践能力的培养，并且至少要达到某职业的中级水平。根据图6-2 "双师型"教师能力和实践教学能力对应关系可以认为，中职院校财务会计教育专业学生会计学科的实践能力应达到中级会计师的实践能力水平。

中职院校会计学科在会计教师培养过程中，对学生的专业实践能力要达到中层会计人员实践能力水平，包括两方面：一是会计教师不仅要具备初级会计人员所具备的审核和填写记账凭证，登记会计账簿、编制会计报表等会计核算能力，具备初级会计人员应有的能力，这是作为管家型会计人才应该具备的能力；另一是中级水平的会计教师应拥有企业管理者的实践能力，即对企业内部的税务业务管理、内部管理、理财、财务预算等财务问题进行分析和解决的能力。

从会计教师的职业维度看，会计教师仅自己具备中层会计人员的实践能力还不够，还必须具备"怎么教"的教学能力，只有这样会计教师才能将所掌握的会计知识传授给学生，帮助学生形成会计实践能力。所以，教师必须掌握教育学和心理学的相关知识，知道如何开展教学活动，而且要会教，能引导学生学习，并最终实现教学目标。

会计教师实践教学能力的纬度可以梳理成会计学科实践能力和教师职业的教学能力两个维度，而会计学科实践能力又由会计核算能力与财务问题分析和解决能力两方面构成，教师职业教学能力则指引导学生学习能力和教学目标实现能力，如图6-3所示。

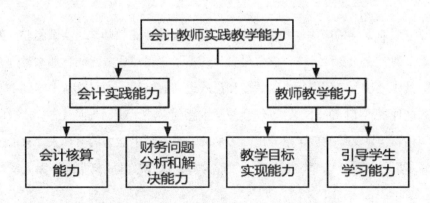

图6-3 会计教师实践教学能力的维度图

第三节 会计实践教学的改进

一、职业学院会计实践教学面临的挑战与问题

目前，职业教育的会计教学面临严峻挑战：一是绝大多数会计教师缺乏会计实践经验无法进行会计实践教学。现在的青年教师都是从学校到学校，其实践经历大多只有学校期间的一两次实习，他们缺乏经验在所难免；中年教师是教学和科研的骨干力量，任务繁重，往往难以抽出时间参加社会实践；老年教师由于年事已高、体力不支等原因也很少参加社会实践。二是多数学校也没有把教师参加社会实践纳入教学管理计划或形成制度，在时间上、组织上和经费上都没有相应的安排和保证。三是学校实验条件较差加之社会实践的封闭性，学生实践机会少。会计专业教师脱离实践，由此带来了以下问题：

（一）有碍教师业务素质的提高

会计学科的实践性决定了会计专业教师必须具备一定的实践知识才能胜任，这是毋庸置疑的。如果这部分知识欠缺，则必然会给教师的业务素质带来较大影响。尤其在当前，经济体制改革的浪潮猛烈地冲击着会计领域的一些旧理论、旧观念、旧方法，使会计理论研究和实践活动都呈现出生机勃勃、日新月异的势头。作为会计专业教师，如果不深入现实的会计实践活动，就会造成理论与实践脱离，使视野变得狭窄，思维变得凝固，难以回答和解决会计实践活动中出现的新情况、新问题，从而难以提高自身的业务素质。

（二）影响教学质量

会计学科具有很强的应用性和可操作性，如果会计专业教师缺乏实践经验，教企业会计的不熟悉工商企业的会计运作，教金融会计的不了解银行业务活动，那么教师在课堂教学中就无法具体地联系实际进行生动活泼和深入透彻的讲解，而只能从书本到书本，从课堂到课堂。这种脱离实际的教学，不仅会使学生感到索然无味，久而久之，连教师本身也会觉得单调枯燥，靠这样的教学培养出高质量的、具有动手能力的会计人才只能是一句空话。现在许多用人单位抱怨学校毕业生动手能力差，这和教师脱离实际不无关系。

（三）影响科研水平

中职院校是教学科研机构，每个教师都肩负着教学、科研的双重任务。而开展会计科研活动的目的，则是为了对会计实践活动中的各种新情况和新问题在理论上加以分析、研究和总结，并反过来更好地指导会计实践。如果教师不参与社会实践，对会计实践活动中的情况和问题不甚了解，只局限于在书斋里研究空头理论，就会失去科研的源泉，这样的科研成果，其水平必然受到影响，也很难对会计实践活动起到真正的指导作用。因此，在中职会计教学中必须针对这些不利因素，对会计实践性教学的教学方法、教学环境等诸多方面进行改善，以提高教学质量，从而达到培养出适合于职业技术教育特点的实用型技术人才的目标。

二、解决职业学院会计实践教学困境的对策

（一）改变传统的人才培养观

人才观是指对人才知识、能力、素质的评价，其核心是人才评价标准。长期以来，我国中职教育在培养人才方面仍较注重知识教育，以知识的占有量来衡量学生学习的优劣，形成了一系列以知识为中心的评价标准，忽视了职业实践教育。但绝大多数学生毕业以后直接面临就业，从而出现了学而不会用，动手能力差的现象，社会对人才需求脱节，接受职业教育的人走向社会大多数被动适应社会，很难主动自我调整，生存能力较差，高分低能现象严重。职业教育应以学生为中心，是理论与实践相结合的个性化教育，它与传统的人才观有很大不同。要真正实现职业教育必须转变传统的人才观。

（二）提高会计教师的操作能力

第一，采取内引外联的方式，结合教学进行教师培训。即向企事业单位、科研机构聘请一部分知名专家、学者担任客座教授，让他们既到学校指导会计教学工作，进行教师培训，又让他们担任会计课程教学，弥补本校会计教师实践知识的不足。第二，采取上送下派方式，提高会计教师的理论水平和操作技能。即对一部分学历不够或有实践经验但理论知识欠缺的会计教师选送到高一级院校进修学习，提高理论水平；对一部分学历比较高，理论基础扎实，但未经过实践锻炼，动手操作能力差的教师下派到业务部门，企业等挂职锻炼，提高他们的实践操作能力和应用能力。第三，会计教师必须经常到经济建设第一线去发现问题、研究问题和解决问题，积累丰富的实践经验，熟练掌握会计循环各个阶段的实务操作，并能够解答会计循环过程中出现的操作问题，熟练掌握会计核算中一些特殊会

计事项的处理,具有综合会计信息,分析会计信息的能力。只有这样,才能有的放矢地组织实践教学,更好地指导学生。

(三)强化案例教学,将理论教学活动与实践有机结合起来

会计教学应"厚基础、强能力、高素质、广适应"。如何实现这一目标?一方面要通过案例教学和社会调查活动提高学生的学习兴趣;另一方面要通过案例教学将会计理论教学活动与会计实践有机结合起来,在学生学习和掌握了一定的会计理论知识的基础上,组织学生参与社会调查活动,收集会计案例。通过教学过程中对案例的分析,让学生成为教学活动中的主体,把所学的会计理论知识与会计实践有机地结合在一起,不断发现问题和解决问题。在实践中掌握理论,并用理论指导实践,达到较好掌握理论知识的目的,从而开动学生的思维并激发其创造性,提高其处理会计实际问题的综合操作能力。

(四)加强校内外实践基地建设,保证学生有较多的实践机会

目前大部分中职院校都设有会计专业,而且一般都设了会计模拟实验实训室,但由于经费短缺,软、硬件滞后于目前的实际,没有完整的会计模拟数据系统,因而无法保证实验实训需求,导致实验实训能力、实验效果差。因此,中职院校必须加大投入,建立仿真性强,可以全方位模拟日后工作流程、工作环境、职能岗位的会计模拟实验实训室。同时在互利互惠、校企双赢合作理念下,走校企合作之路,建立稳定的实践基地,从而使学生有更多的实践机会。

(五)注重为学生搭建实践平台,让学生了解企业会计的实际操作流程

贴近企业,贴近市场,在实践中加深对理论基础知识的理解。除此之外,还应组织学生在校园内外参加各种形式的会计专业学术活动。要紧跟形势的发展和社会对人才的需求,不断完善和深化实践能力培养与考核的内容。鉴于能力要求的多样性,在实践能力培养途径方面,应当充分发挥学生、学校和社会各方面的积极性,走学生自己、学校组织和社会支持相结合的途径更具有合理性和可操作性。这一途径的选择也得到了社会及学生的认同。

第四节 会计实践教学策略研究

策略是研究教师在教学过程中为达到一定的教学目标而采取的相对系统的行为，即研究如何更好地"教"的问题。

一、中职院校会计学科实践教学策略设计的目标和原则

（一）中职院校会计学科实践教学策略设计的目标

目标是教师教学和学生学习所要达到的预期结果。明确实践教学策略的目标是实践教学策略设计的出发点，也是衡量实践教学质量的归宿。任何教学活动的组织和开展必须在目标的指导下进行，并以实现目标为终极目标。因此，确定目标成为中职院校会计学科实践教学策略设计的第一步骤，也是最重要的步骤。按常理，实践教学的使命是培养学生的实践能力，但事实上，从人全面发展的角度来看，实践教学所承载的使命远不止这些，它还担负着培养学生的创新能力以及形成学生的实践智慧的功能，具体如下：

1. 传承会计知识和技能，这是实践教学策略设计最基本的使命

实践教学作为一种教学方式，其首要目的是教学生"为什么"和"怎么做"。会计是一门实践性很强的学科，从实践中来的特点必然要求学生走向实践，向实践中去学习知识和技能，让学生理解相关经济业务的会计处理过程离不开实践教学，它能使学生更好地理解为什么要做，而且学习会计除了要让学生理解为什么这么做以外，关键是要学会做，如何在错综复杂的经济环境中处理好经济业务，为企业做好管理工作服务。

2. 培养学生良好的实践态度

实践教学不仅要教会学生为什么和怎么做，而且在实践过程中培养学生高尚的品质，形成良好的职业态度也是实践教学义不容辞的责任，这是实践教学策略所要达到的重要目标。高尚的品质和良好的职业态度是为人处世的基本要求，学校教育作为人格培养的重要场所，实践教学能引导学生通过实践学会如何处理好与自然、社会和他人各种各样的关系，学会如何和谐相处，形成明辨职业是非的能力，逐步形成高尚的品质。

3. 促进学生创新能力的培养

创新是一个民族的灵魂，也是一个社会发展的动力。学生的创新意识和能力哪里来呢？答案就是实践。从普遍意义上讲，高素质的形成，创新精神的培养，学习是基础，实

践是关键。学生的创新过程就是一个实践的过程，而且创新的成果也要通过实践去检验。从本质上来讲，实践教学和创新能力的培养是统一的。离开了实践就不可能有创新，因为创新必须有相应的基础，是对现实的基础上进行一定程度的改进，如若对现实一点都不了解就谈不上创新。只有通过实践才能解放学生被抑制的创新思维，提高学生的创新能力。

4. 生成实践智慧

智慧来源于知识和技能，但是知识不会自然而然转化为智慧，需要通过实践活动对知识"内化"和"活化"，起关键作用的就是人的实践经验。实践能够把那些"二手知识"融会贯通起来，以达到智慧的高度，形成实践智慧，使学习者成为一个睿智的人。会计是一门具有二重性的学科，既可以称为一门科学，也可以称为一门艺术，许多会计处理方法并不是唯一的，如固定资产折旧既可以选用直线折旧法也可以选用双倍余额折旧法，至于实务操作中选用何种方法主要是依靠会计人员的职业判断，而怎样选用更好的方法就得依托于会计的智慧了。同时，做任何事情没有最好，只有更好，在会计实践中也需要实践智慧的应用来达到更好，如面对错综复杂的经济环境，在相关信息不明确的条件如何能占领制胜的时机也离不开会计的实践智慧。

中职院校会计学科实践教学策略实施要达到的是多维度的目标体系，从基本的知识和技能传承、职业态度的形成到实践能力与实践智慧的生成层层递进，为中职院校会计学科实践教学策略的设计明确了方向。

（二）中职院校会计学科实践教学策略设计的原则

原则是观察和处理问题的准绳。中职院校会计学科实践教学策略设计的原则是指中职院校会计学科开展实践教学过程中所应遵循的基本规范。在中职院校会计学科中开展实践教学应遵循以下四方面的原则：

1. 目标性原则

教学目标是根本，教学策略是手段，任何策略的设计都是围绕教学目标，服务于教学目标。因此，中职院校会计学科实践教学策略的设计必须以社会对中职院校人才需求为出发点，以中职院校会计学科人才培养目标为落脚点。

2. 发挥学生主体性原则

教学过程中，教师教的最终目的是为了学生的学，学生是学习的主人。促进学生学习方式的转变，是课程和教学改革的显著特征，改变原有的填鸭式教学方式，建立和形成旨在充分调动、发挥学生主体性的实践性学习方式，自然成为教学改革的核心任务。学生的主动参与是实现学习方式转变的关键之所在，课堂教学中必须充分调动学生学习的内部动机，培养和发挥学生的主动性、积极性和创新精神，最终达到使学生有效地实现对当前实践教学的意义建构。实践教学策略的运用应以此为根本指导思想，应通过采用各种有效的形式去调动学生学习的积极性、主动性和独立性，通过自己积极的智力活动去掌握知识、发展能力、完善人格。

3. 系统性原则

实践教学的目的是为了让学生通过实践掌握知识和技能，形成职业态度。作为一种教学手段和方式，必须遵循认识规律和教育规律，运用系统科学的方法，按照组成实践教学活动各环节的地位、作用及相互之间的内在联系，使实践教学的各个环节做到互相衔接，彼此关联，具有连续性，并贯穿于全部学习过程。实践教学必须系统，使专业的实践教学"不断线"。

4. 循序渐进原则

会计实践教学是一个过程，因此，在会计实践教学过程中应该按照会计实践的逻辑顺序循序渐进来开展。在会计实践过程中，从会计内容的角度来看，应该从简单到复杂逐步提高，从单项到综合逐步走向全面，从一个环节到全过程逐步认识完善。

安排会计实践教学应该从基础会计实践到财务会计实践，由浅入深。从实践形式来说，实践教学也应该遵循循序渐进的原则，即初级的会计核算能力到中级的财务问题分析与解决能力逐级深入，以使学生从感性认识逐步上升到理性认识，使知识和技能逐步得到深化，形成能力。

二、以示范模拟为主导的会计核算能力培养策略

审核和填写会计凭证、登记会计账簿、编制报表等会计核算能力是会计人员的基础能力，这也是会计专业的主攻能力。毫无疑问，会计核算能力将成为会计教师会计学科实践能力中必不可少的基本能力。中职院校会计学科可以通过会计示范模拟的实践教学策略培养和提高"准会计教师"的会计核算能力。

设置实践情境，激发学习动机恰当的情境是学习的必要条件，建构主义学习理论认为学习总是与一定的情境相联系的，实践情境中学习更有利于知识和技能的同化和顺应。会计理论反映的是经济活动的方法体系，是从真实运用的情境中抽象升华而形成，背后都有具体的、生动的现实原形，是镶嵌在实践情境中的。会计教学以实践情境为索引，把抽象理论还原到实践中去能摆脱教师纸上谈兵。学生凭空想象，虽然记住了大量抽象知识，却不知道如何应用的怪圈，使教学活动更富有实效性。因此，中职院校会计学科教师在会计教学过程中巧妙地创造实践情境，营造出实践的气氛，让学生在实践情境中学习，也成为

教师教学活动开展过程中的首要环节，成为实践教学活动的前奏。

（一）创设立体型的课堂情境

课堂是一个空间概念，泛指进行各种教学活动的场所。从某种意义上来讲，课堂是能让学生参与进去的立体型的课堂，而不是只能让学生以观众的身份参观的平面型课堂。立体型课堂情境的创设是要展示相关的会计处理过程，提供会计核算的原型，让学生通过观摩后能进入其中参与实践。如在学习会计凭证时，就提供实际工作已填制好的凭证，让学生观摩，然后提供空白凭证让学生自己填制。

（二）创设社会课堂情境

学校教室是开展教学活动的课堂，但并不是唯一的课堂。会计是一门实务性较强的学科，与社会企业联系密切，会计教学应该走出学校这小课堂，融入社会大课堂，把课堂搬进企业内，在企业实际的财务核算环境中结合实际经济业务开展教学活动，把学生领进实际业务处理过程中，为其通过参与具体经济业务，在实践中学习创设情境平台。如《存货盘点清查》这一教学内容就可以安排在企业中存货管理仓库，创造出能亲身体验如何盘点存货，对盘点结果如何处理的情境，从而提高学生课堂的积极性。

（三）创设仿真课堂情境

会计作为商业语言蕴藏着企业的商业秘密，财务部作为商业秘密集中地更是被视为"禁区"。中职院校会计学科要把所有会计实践教学活动安排在企业财务部门是不现实的，而离开了实践情境的会计教学犹如无水之舟，寸步难行。社会企业与教育部门之间的矛盾促使人们把企业财务部"搬进"学校实验室，设置会计模拟实验室，让学生在仿真的情境中模拟企业的各种财务核算活动。教师可以把课堂设置在会计模拟实验室，借助各种财务用品开展实践教学活动。如银行会计处理教学的开展可以在学校的模拟银行开展，一部分处理前台业务，一部分处理后台业务。

三、示范模拟教学，培养核算能力策略

（一）教师示范教学策略

会计核算能力的培养最终要落实到实务上，核算理论和核算实务之间需要教师"示范"这一连接符，即教师在教学过程中对实际操作业务的一种演示，通过这种演示让学生模仿学习，并最终学会操作而采用的一种教学方式。示范配合理论讲解，能更形象和清晰地展

示会计核算的结构、要领和方法，逐步建立起自己的概念框架，起到动作定位的作用。

1."人—机"结合示范策略

现代科技的发展给教育带来了福音，多媒体教学等现代教育手段的引入丰富了会计示范教学的手段。会计示范教学过程中除了教师身体力行向学生示范如何操作之外，也要充分发挥现代科技的优势，借助多媒体技术以声音图像的方式示范如何开展会计核算。如存货盘点清查，除了教师在企业现实情境中亲自示范盘点，也可以通过多媒体教学软件制作出企业会计人员清查盘点存货的过程和碰到问题时的处理方式，为学生提供一个形象的处理过程，不仅为学生提供了视听上的享受，形成一种身临其境的感觉，激发学生学习动机，而且也使教学过程更加清晰明了。

2."总—分"结合示范策略

人的认知总是伴随着从外部到内部，从简单到复杂的规律。会计示范教学过程中，首先总体示范如何处理会计业务，给以宏观印象；紧接按照内在步骤分步示范，并要把握住主次，对于重要的或者容易出错的环节，要重点示范讲解，重复示范，直至让学生掌握；在分解演示完成以后，再进行整体的演示，以融会贯通操作技能。如会计凭证装订示范中，从打孔—穿线—打结—包装—签字盖章应该一步一步示范，对于其中的打结等关键步骤应该重点示范，分步动作完成后，再进行整体示范。

3."正—误"结合示范策略

动作技能正确，操作规范科学是示范教学的基本要求，但这并不表示错误的示范教学为我们所不容，错误示范教学如能善加应用，将能起到锦上添花的作用，来强化相关技能。在正确示范以后，可以以学生容易出错的地方为例，特意进行错误示范，并指出错在哪里，这不仅不会引起学生的错觉，反而能引以为戒，提高学生的警惕。如在示范会计记账凭证的填写过程中，在规范示范以后，示范存在问题的错误凭证，让学生找出对比错误的填写，巩固记账凭证的要求。

（二）学生模拟教学策略

教学活动是双向的，教师在示范教学过程中，学生不能只是一个参观者，更应该是一个参与者。因此，在示范教学过程中，要让学生参与进来，跟随着教师的示范模拟，以掌握技能。

1.参与性模拟实践策略

会计知识和技能的实践是一个复杂的过程，示范的许多时候都会采用分步骤来开展示范教学工作，对于重点步骤还必须得采取重点讲解，以引起学生的注意。教师的示范目的是为了让学生会，所以教师实践教学过程中，可以采取教师的示范和学生的模拟实践同步进行，教师示范一步学生模拟实践一步，随着教师示范教学工作的完成，学生模拟示范实践学习也完成了。如在原始记账凭证的填写教学中，教师示范如何在记账凭证上填写科目、阿拉伯数字应该是斜写，占数字格子的一半等要领，学生根据教师的讲解和示范在相应的记账凭证中填写，逐渐掌握记账凭证的填写在格式上有哪些规范要求。学生可以一边看教师的示范，一边参与到记账凭证填写过程中。

2. 自主性模拟实践策略

在会计学科实践教学过程中，让学生在教师示范的带领下一步一步地实践，逐步掌握教师所教的动作要领。但是学生模仿实践的是分解步骤，要促进学生真正掌握实践知识和技能，还必须把这些分解动作贯穿起来，融会贯通。因此，让学生在参与性实践以后自己进行自主实践可以称得上"强化剂"，让学生把这些知识和技能内化到自己的知识体系中。如在对参与性实践中对记账凭证的填写教学中，学生在教师的引导下完成了记账凭证的登记工作，此时，教师应该为学生搭建自主实践的平台，让其开展自主实践。

（三）岗位轮换教学，加强合作意识策略

会计和数字打交道，更要和人打交道。会计是一个综合性的岗位群，由会计主管、出纳员、制单员、记账员等若干个岗位组成，这些岗位之间相互牵制又相互配合形成一个财务核算系统。在会计实践教学过程突破"一人财务部"的模式，采用岗位轮换的实践教学策略，不仅能促使学生摆脱既是出纳又是会计，既是制单员又是会计主管的尴尬处境，也让其能明白凭证和账簿的传递过程，岗位之间的配合以及工作岗位间的相容性（如会计和出纳不相容）。而且现代社会倡导自力更生，更强调团结合作，过去社会那种"鸡犬之声相闻，老死不相往来"的处事态度已经成为历史，人与人之间的合作越来越重要，在合作中工作，在合作中学习已经成为当今社会的时尚。岗位轮换教学的本质是一种合作学习的形式，通过岗位之间的轮换共同合作不仅能有效完成教学任务，甚至能发挥出 $1+1 > 2$ 的特殊效果。

（四）角色扮演教学策略

会计教学过程中，根据学生的特点把学生分成若干组，每组构成一个财务部，分别扮演会计主管、制单员、出纳员、记账员等不同会计角色开展审核原始凭证、填写记账凭证、登记会计账簿、编制会计报表等会计核算工作，使学生通过岗位角色的扮演明确各自岗位的职责，了解会计核算的流程，培养协同合作能力，能达到事半功倍的作用。图 6-4 中反

映了由会计主管、制单员、记账员和出纳员所组成的财务部如何审核原始凭证和编制记账凭证的过程，其中，①表示会计主管对原始凭证的合法性、合理性和有效性审核通过后传递给制单员；②表示制单员根据经济业务性质，相应记账凭证后传递给会计主管；③表示会计主管对记账凭证进行审核，符合要求后签名交还给制单员，反之则退还重填；④表示制单员把审核后的收款、付款凭证传递给出纳员，转账凭证传递给记账员；⑤记账员根据收款、付款凭证登记现金日记账和银行存款日记账，在出纳员处签名后传递给记账员。学生通过扮演财务部的相关角色共同合作完成原始凭证的编制和审核工作，领会岗位之间的合作性和牵制性。

（五）岗位轮换策略

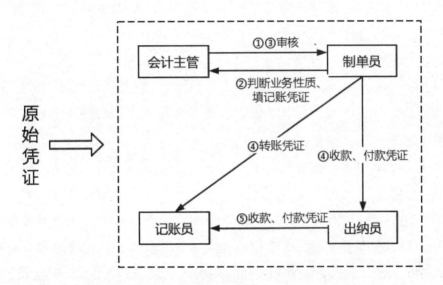

图 6-4　原始凭证的审核和记账凭证编制角色模拟图

为了完成实践教学目标，需要进行岗位轮换，小组中的每一个成员必须依次扮演 4 个角色，通过 4 轮轮换，使得每一个同学都能将所有实践一次。

（六）教师 + 学长指导，提高指导质量策略

现代教学倡导以学生为主体，切实发挥学生在教学中的主观能动性，主动建构知识和技能。教学中发挥学生主体作用，并不是否定教师的主导作用，事实上，学生实践过程离不开教师的指导，缺乏教师指导的实践教学活动是盲目的，原因在于学生的自主实践过程是一个探究过程，因此要一帆风顺完成的可能性很小，碰到困难和阻碍是在所难免的，若不及时予以解决，致使学生产生紧张情绪、自卑心理，甚至有些问题将永远成为问题，即使自己通过思考解决问题，也会是事倍功半，而在教师指导下的学生实践更能有的放矢，

更有效。在会计核算能力培养的实践教学过程中，可以采用教师 + 学长相结合的"3+1"指导策略，3 是实践前、实践中和实践后的三位一体指导，1 是学长制指导。

1. 实践前指导

在实践前虽然有教师的示范，但在实践前教师应该做好定位工作，让学生明白自己的实践内容以及目标，有效的实践前指导能保证学生心中有数。如教师在示范固定资产的清查工作以后，让学生参与固定资产清查工作之前，教师应该让学生明确清查的固定资产项目及要求。

2. 实践中指导

学生在会计实践过程中遇到困难或出现违规操作的概率非常大，教师必须做好学生实践过程中的控制作用，对学生加以指导，降低发生实践偏差的可能性，以使实践计划能顺利开展。

3. 实践后指导

学生实践任务的完成并不表示教师的指导工作已经终结了，教师要做好实践后的总结指导以及诊断工作，针对实践中出现的带有普遍性的问题以及发展学生智能及实践技能有关的问题，进行总结性评价。

4. 学长制指导

在中职院校会计学科教育中，仅仅靠任课教师和若干实验员组成的指导力量是非常薄弱的，而学长制的实施则可以解决指导教师欠缺的困难。所谓学长制是指安排部分高年级的财务会计教育专业学生参与指导工作。高年级学生参加过会计核算实践，基本掌握了会计核算能力，而且接受了教育学相关理论的指导，他们已经具备了一定的实践教学能力，在实践教学工作开展之前，教师对其进行相关的培训后把其分到各个财务小组分组进行指导。学长制的实施可以缓解指导教师的指导压力，加强指导力量，而且使每个学生都有机会得到指导，也让这些"准教师"在实践教学指导方面得到训练，这不失为一个两全其美的策略。

（七）实务样本评价，提高评价绩效策略

教育需要评价，没有评价的教育是盲目的。现行评价方式中，回忆式的"纸笔测验"评价方式还是占有垄断地位，即使在会计这样的实务性很强的学科中也不例外。殊不知该方法只能胜任会计理论知识掌握情况的评价，而对于会计核算能力的评价却是难以胜任，其无法客观评价旨在帮助学生学习的各种学程设计的进展情况。为了有效评价学生的会计核算能力，切实发挥评价的"指挥棒"功能，在会计核算能力评价中采用实务样本评价方式，

即从学生会计实务操作资料中抽取出一些有代表性的样本，根据被评者完成任务的情况，按照一定的标准，推断他们是否获得了相应的核算能力的评价方式。在会计核算能力评价中采用实务样本评价的策略可以按照如下程序来操作，如图 6-5：根据会计核算能力确定评价标准和评价内容，并在评价内容中选择出相应的样本进行对比以后做出相应的评价。

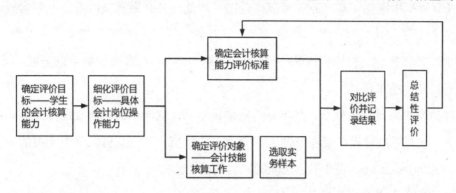

图 6-5 实务样本评价实施程序图

总之，以示范模拟为主导的中职院校会计学科实践教学策略设计的出发点是为提高学生会计核算能力，它旨在通过引导学生进入教师所创设的实践情境中，感受会计实践激发学习的动机，在相关人员指导下主动参与会计核算的各个过程，在实践过程中学习知识和技能，增强会计核算能力。

四、以案例教学为核心的财务问题分析和解决能力培养策略

会计核算能力是中职院校会计学科实践能力中的基础能力。拥有了会计核算能力基本上意味着具备了成为"管家型"会计人员，而现代经济要求会计角色不仅能"管家"，更应能"管理"，拥有分析和解决财务问题的能力，作为培养会计教师实践能力的中职院校在会计学科教育中加强分析和解决财务问题能力培养是毋庸置疑的。案例教学就是通过给予学生一个实际的问题情境、一个仿真的经验，让学生有机会设身处地，面对情境中所引发出来的问题进行思考与学习。

通过案例呈现出问题的情境，学生运用他们的知识来分析案例中的问题，从而获得有意义的学习。案例教学精髓不在于让学生强记、死记硬背所学理论知识，而在于迫使他们开动脑筋思考，承担案例中决策人的责任，识别问题，提出目标和决策标准，找出各种可行性方案，并做出判断、决策和制订实施方案，从而不断提高分析和解决财务实际问题的能力。案例教学以案论理，使学生把所学知识融会贯通，以主动实践获得问题解决能力，是一种深受应用性学科欢迎的实践教学方式。

(一) 搭脚手架，构建概念框架策略

案例分析是用相关理论知识分析和解决财务问题，提高问题解决能力的过程。工欲善其事，必先利其器。案例分析之前，教师有必要让学生了解案例分析过程中所必需的概念框架，只有将基本概念、基本原理理解得透彻，才能充分开展案例讨论，取得实效。为案例分析搭建好脚手架，以便学生"跳一跳就能摘到桃子"，否则就只能陷入"就事论事"，达不到以案例论道理，提升财务问题分析和解决能力的目的。理论讲解可以采取以下策略：

1. 讲授式讲解策略

会计教学中倡导实践教学，并不是否定讲授教学，它能全面、系统地传授基本概念和基本知识。但在讲授过程中要注意理论部分力求少而精，并注意启发学生学习的主动性、自觉性，使学生在系统掌握知识、技能的同时提高能力。

2. 自学式概念学习策略

纸上得来终觉浅。教师讲授过程中知识量是有限的，对于案例分析所需要的知识则是大容量的，因此在为学生构建理论基础的脚手架的过程中应该引导学生自主学习，为学生指定相应的参考文献，让其通过自学来构建案例分析和问题所需要的知识基础。

(二) 创设情境，形成问题质疑策略

在情境中学习是建构主义理论大力倡导的，旨在通过向学生提供解决问题的原型，培养学生投入实际情境中去，通过分析和解决实际问题提高自己的实践能力。在案例教学过程中，创设分析和解决财务问题过程中的情境原型，让学生身临其境地参与到问题的解决过程中去，调动参与问题的积极性，发挥学生的思维活跃性。客观地讲，案例本身就是一个活生生的实践情景，在案例教学中，案例就是情境，案例也是问题，让学生融入案例所提供的实践情境，身体力行地解决案例中所呈现的问题。对于会计案例的呈现方式也是会计案例教学情境的创设方式。

1. 以文字的形式呈现策略

会计案例的篇幅长短不一，有的案例短小精练，有的案例由于包含的信息量比较大而篇幅较长，长的可以达到几十页，如中国人民大学王化成教授所编的《财务案例》一书中，最长的案例有 27 页、近 2 万字，学生阅读往往就需要一两个小时，以文字形式向学生展示案例，形成疑难无疑是最好的呈现方式。

2. 虚拟电子案例呈现策略

我们所处的时代可以说是一个视觉时代，人们对干巴巴的口头说教越来越显得没有耐心，总是喜欢用感官快捷地认识世界，年轻人对视觉更是倍加青睐和敏感。在案例教学的

情境创设过程中，教师要充分认识到这一点，把多媒体技术和数字化技术等现代化教学手段应用到案例情境创设过程中去，充分利用影像、声音和文字等载体对案例情境进行优化创设，让学生处于一个视觉和听觉兼备的氛围中。如在财务项目选择案例教学中，教师可以多媒体的形式展现项目选择的背景以及项目实施后的前景，把死案例变成了生活情境，促使学生在虚拟的案例情境中形成对财务问题的质疑。

3. 角色扮演呈现案例策略

案例的呈现也可以让学生扮演案例中所蕴含的角色展现。如银行支付方式的选择案例教学中，可以让学生扮演相应的角色展现案例情境，如下：

场景：光明公司财务部人员：张主管、李会计、王出纳

张主管：我们公司准备两天后销售给天然公司 1500 公斤货物，总计货款为 2 0000 元，你们觉得我们应该采用什么样的收款方式才好？

李会计：我们是首次和天然公司打交道，对于他们的资信情况不是很清楚，因此，我们应该采用比较稳妥的收款方式，因此，我觉得可以采用"银行汇票"或"银行本票"。

王出纳：我认为除了考虑稳妥性以外，还得着眼于长远，如果对方现实付款有困难也不要强求，应该从长远来看，可以考虑采用银行承兑汇票。

张主管：好的，就先这两个方案吧，到时候根据情况决定吧。

疑问：为什么要采用这两个方案？

（三）阅读案例，自主解决问题策略

以案例教学为媒介来培养学生的财务问题分析和解决能力是一种过程性的实践教学活动，学生只有全身心地走进案例情境参与案例的整个分析和讨论过程，才有可能提高分析和解决财务问题能力。案例分析的首要环节是通读案例，进入案例所提供的情境，以企业管理者身份了解案例所揭示的基本情况以及相关背景，通过查找资料，将自己的知识和经验与案例情境结合起来，分析案例中错综复杂的事件，分析发生问题的根本原因，权衡互相制约的各种因素，尽可能多地提出各种可能的问题解决方案，详尽分析每一方案可能给企业带来的发展和不足，实施该方案的必要条件以及目前存在的困难，综合分析以后并选出最佳方案。

（四）合作分析，形成思维共振策略

讨论是案例分析的中心环节，是学生形成财务问题分析和解决能力的关键步骤。案例教学过程不是寻找正确答案的过程，事实上，案例分析的结果不存在对与错，存在的只是

可能正确处理和解决问题的具体办法，而解决问题办法的正确与否只是个人对案例问题理解的不同而已，为案例讨论的畅所欲言奠定了基础。

1. 小组讨论

在案例自主分析阶段，学生通过自主分析后能基本上形成自己的观点，但个人的力量毕竟有限，对案例的分析很有可能不全面，带有个人主观色彩，而且在分析过程中碰到阻碍是在所难免的。以小组为单位组建案例分析共同体，发挥优势互补，共同讨论，集思广益，形成思维共振，讨论共同体在各成员自主分析的基础上就内容案例的主要问题、原因和决策等形成共识，并要准备好发言提纲，为课堂中的小组讨论做好铺垫。

2. 全班讨论

全班就案例的讨论是小组讨论的延续。在讨论中，各小组派代表将自己所在组的观点向全班陈述后就相关问题接受教师和其他组学生的提问，就自己所找到的问题进行自由提问。与此同时，教学活动是一种互动的双向教学活动，教师和学生在案例教学过程中犹如导演和演员之间的关系，学生在案例教学所涉及的问题都应该由自己进行分析和讨论，如果观点不一致，可以展开辩论，而教师这位"导演"则起着组织和引导作用。教师可以不断提出问题，引起学生的思考，甚至可以故意给学生出难题，迫使学生动脑子去思考。教师提供的案例可以是完整的，也可以是有缺陷的，可以是正面的，也可以是反面的，甚至教师有些时候可以把案例中的某些已知的条件去掉，让学生通过实践，在这种是与非，正与反，点与面，表与里结合中真正学会如何思考，如何解决实际问题。

（五）总结反思，消化提升理论策略

古语有云：学而不思则罔。同样，实践而不思也会罔。反思这一过程在案例这一实践教学过程中的作用非常明显，它能帮助学生在分析过程中"豁然开朗"，少走弯路；在案例分析结束后总结反思，能提高中职院校学生财务问题分析和解决能力。

1. 事中元认知教学策略

元认知是对认知的认知，案例分析是一个实践认知的过程，就是对于什么因素影响人的案例分析的过程与结果、这些因素是如何起作用的、它们之间又是怎样相互作用的等问题的认识。案例分析的目的是为了掌握案例分析和问题解决的方法。学生除了要思考怎样的方案才能解决财务问题之外，还必须分析自己的方法是否恰当、合适，是否还有更好的方法。

2. 事后总结反思教学策略

为充分发挥案例分析的作用，切实提高学生面对财务实际问题的处理能力，案例分析完成以后，教师这位"导演"必须做好案例分析的总结和评价工作，但是必须注意不要做出结论，因为案例往往是开放式的，结论并不是唯一的，可以做出不同的结论，而且得出案例结论并不是案例教学的最终目的，而是让学生通过案例分析学会分析方法，获得处理和解决问题的能力。同时，学生也要在案例分析结束之后，做好总结和分析工作，经过小组讨论和集体讨论后自己对案例问题的理解怎样，经过案例分析以后自己学到了什么，在哪些方面还不足，要一一反思。

（六）项目开发，升华能力培养策略

有效实施财务问题分析和解决策略，能促进学生在实践过程中不断提高财务问题分析和解决能力。为了进一步提高未来会计教师的实践能力，项目开发这一实践教学形式在会计教师实践教学能力形成过程中大有裨益。

1. 以竞赛项目为媒介，参与商业计划项目的开发策略

"挑战杯"创业计划竞赛指一无所有的创业者就某一具有市场前景的产品、服务或技术向风险投资家游说取得风险投资的投资可行性报告书的竞赛活动，是当前学校学科竞赛中比较红火的一个竞赛项目，财务问题分析和解决是"挑战杯"创业计划竞赛的重要组成部分。中职院校会计学科可以以此为媒介，为学生提供若干个"创业项目"，让其通过项目分析，解决如何筹资、投资、资金营运和利润分配等财务问题的活动来提高其实践能力。

2. 案例的采编策略

案例分析和解决的最高境界在于自己能根据相关知识背景采集和整合案例。作为未来的会计教师不仅要学会分析案例，采编案例也是一项基本功。因此，在案例学习过程中要有意识地安排学生进入一线企业参与实习，采集相关的案例，来切实提高学生的实践能力。中级会计人员区别于初级会计人员的标志是：是否具有财务问题的分析和解决能力。中职会计教师的实践能力以达到中级会计人员的水平为要求，具备财务问题分析和解决能力是中职院校会计教师必须达到的要求。以案例教学为核心的中职院校会计学科实践教学策略的目的是培养未来会计教师的财务问题分析和解决能力，让学生通过融入案例所呈现的错综复杂的财务问题情境，体验和实践财务人员分析和解决问题的过程，在实践中逐步学会解决问题的能力。

第五节 会计实践教学策略实施的保障

一、拓宽渠道大力改善实践教学设施建设

中职教育需要国家和地方政府更多的资金和技术支持。然而长期以来，我国的职教经费都是比较困难的，地方财政拨款比例不高，企业的资金投入比例就更低了，根本无法达到"职业教育主要依靠企业办"的目标要求。因此，进一步拓宽多元化的投资渠道，是中职院校未来须着力解决的问题。中职院校可以根据自身情况，积极探索和利用社会力量来改善实际的教学条件和设施。一方面采取多种手段争取银行贷款，调动社会各界力量投资捐赠支持办学，充分挖掘学校内部投资的潜力；另一方面对校内原有的各实验室的设备进行调整，及时改造和维护旧的实践教学设备设施，使学生在校内就能尽早接触到真实的工作环境，以顺利适应未来的职业工作。再者，也可通过与企业协商签订互利共赢的合作计划，利用企业资金来不断更新教学设施和仪器设备，形成教学与科研相结合的多功能会计模拟实验室和会计实训基地。

二、加强实践教学"双师型"师资队伍建设

教师是中职院校的主体力量，是办好中职院校的先决条件。要保证课程实践教学的质量，首先对师资有较高的要求。从事实践教学的教师不仅要懂专业理论，而且要有专业实践和社会实践经验；不仅要懂专业知识，而且要熟悉计算机操作。

因此，地方院校要把实践师资队伍建设放到一个重要的位置上，通过外部引进和内部培养，逐步形成一支专业结构合理，年龄、学历、职称配比适当，既懂理论又懂实务，教学水平高、实践能力强的"双师型"教师队伍。"双师型"教师队伍可以从内部、外部两方面入手：一方面，积极从企事业单位引进人才，加大兼职教师的比例，从企事业单位招聘一批既有专业技术特长又有余力的工程技术人员或高级主管担任一些专业课程的教学工作；另一方面，为本校教师成为"双师型"人才创造条件，制定激励措施，调动教师参与实践教学的积极性，建立培训渠道对专业教师进行职业培训。

三、完善多类型的实践教学基地建设

中职院校应强化校内实习基地的建设，在原有的手工实训室和电算化实训室的基础

上，加大硬件投入力度，购置沙盘、开通网络模拟公司为实践教学提供可靠的物质基础，真正营造出能够实施实践教学的环境。第一，加强校内实验室和实习、实训基地的建设。根据中职教育培养目标的需要和教学特点，更新实验室教学仪器设备，提高仪器设备的科技含量，逐步建立起有利于培养学生的基础实践能力与操作技能，专业技术应用能力与专业技能、综合实践能力相结合的校内实验室和实习、实训基地。第二，建立和健全长期稳定的校外实训基地。校外实训基地可以为学生提供真实的工作环境，提供先进的设备和技术，学校可以通过与企业协商合作，将一些股份制企业、外资企业、会计师事务所作为校外实习基地，有计划地组织学生到基地实习。通过"在校学习—单位实习—在校学习—单位实习"的流程实现工作与学习的两次循环。同时，可以将企业的财务主管、高级会计师、注册会计师请进课堂，加强学校与企业的沟通与交流。

四、重视会计教学过程中的德育培养

在会计教学中，对学生进行德育培养是非常重要的。教师也应该起到一个榜样的作用，注意自己的言行举止和道德修养，在学生面前保持良好的教师形象，保证学生能够得到更好的引导。同时，教师在教学的过程中，不仅应该教会学生正确的解决问题的方法，也应该将可能会遇到的问题告诉学生，并帮助学生理解出现这些问题的情况，以及当出现这些问题之后该如何解决。同时，教师还应该培养学生勇于认错的责任感，让学生在面对问题时，能够勇于认错并尽力弥补，因为这才是一个负责任的工作态度。

第七章 会计教学改革的新路径

第一节 会计课堂活动教学实施策略

一般而言，所谓"传统"会计教学方法，是指按照学科线索和知识体系的内在逻辑关系，即从基础会计知识到专业（工业、流通业、金融保险业、服务业、事业单位、其他）会计知识，循序渐进，由易到难渐次展开学习。这种教学方法自有其合理性，那就是逻辑严密，知识线索清晰，按部就班，逐渐掌握较为复杂且系统的会计知识；同时，为巩固知识，辅之适当的技能训练（如学习凭证取得与填制方法、登账及更改错账方法、编制报表的方法等）。但是，在传统教学方法那里，会计专业知识的掌握才是最根本的任务，技能训练其实只是为之服务的，处于相对次要的地位。

一、现代会计专业课堂教学方法

严格讲，就课堂教学而言，并无"传统"与"现代"之分，彼此间很难说泾渭分明，而是你中有我，我中有你。所谓"现代"，其实是对"传统"的改进，或者侧重点有所不同，即更加贴近企业会计实践活动要求和会计专业岗位能力需求而已。因而，现代会计专业教学方法更加注重"工作过程"和"业务线索"，而知识的系统性、逻辑性、连贯性则处于相对次要的地位。由此，技能训练显得突出重要。一切学习，最终都是围绕会计工作"过程""线索""环节"展开的，"学"的目的是为了"做"，"做"的效果好坏，成为验证"学"的标准，技能训练效果即是否真正学会"做账"，并使之变成教学最为核心的工作任务。"教"完全为"学"服务，是为"学"提供指引、示范和帮助的一项工作，教师是学生的协作者、服务者，共同组成教学活动的"双主体"，师生关系不再是主客体关系或"主辅"关系，而是"双主体间关系"。

二、互联网场景教学法的应用

（一）互联网场景教学法概述

互联网场景教学法也是在互联网背景下会计课堂教学经常使用的方法。互联网场景教学法，是以真实会计工作场景为核心，提倡"以用为本，学以致用"，利用项目导向的角色模拟方式，以网络为学习载体，规范并系统地培养专业技术人才，从实际工作内容出发，确定各阶段培养目标、项目实战内容和培训课程内容。具体而言，是以会计工作经验为指导，强化会计业务处理技能训练，辅以实际企业会计业务测试项目，使用角色模拟方式，通过逐步深入的"六步教学法"，即提出问题、分析问题、解决问题、总结出一般规律和知识，并不断地扩展知识和技能，解决更高级的类似问题，展开整个教学过程。这种教学方法极具现实性、可操作性、可复盘性，打破了学科专业藩篱，以工作过程为导向，以项目为引领，任务驱动，以能力培养为主线，知识学习只为技能提高做准备和铺垫，因而在会计教学中有广阔的应用前景，可极大提高会计专业教学质量和会计专业人才职业岗位能力。

（二）互联网场景教学在以工作任务为导向的课程体系中的应用步骤

1. 设置工作场景

针对企业会计实际工作流程和工作场景，结合已经实际投入使用的软件项目，进行项目分析和任务分解，重现企业会计工作任务环境。

2. 安排会计工作主导性项目

所有知识点和技能都是通过一个或者几个项目来组织的，学生通过可扩展的项目案例来逐步学习知识和技能；所有的会计专业实践都是项目中的一个实际任务，通过实践学员可具备完成一种任务的能力。

3. 进行角色模拟

学员在实际动手操作的课程和项目实训过程中，使用真实的企业项目，真实的企业工作流程和工具，模拟项目组中各种角色（会计、出纳、主管等），协同完成项目和任务，体验和掌握各种角色的工作技能和工作经验。

4. 实施任务分解

在为完成整个项目而必须掌握的概念和知识环节的讲解上，将整个项目划分为多个子任务，再分析每个任务需要的知识、技能、素质要求，并通过完成任务的形式来组织学习内容、设计课程体系。

5. 分享项目经验

通过对企业会计实际工作场景的模拟和实际测试项目的训练，积累实际的项目经验，熟悉项目测试过程中常见的技术、流程、人员协作问题，并掌握相关的解决方法。

（三）互联网场景教学法应用效果

在场景教学法下，知识和技能的传授与自学都严格遵循从具体到抽象、从特殊到一般的规律，将在提升学生职业素质等多个方面产生明显效果。

1.全面提升学生职业素质

通过互联网条件下的上机操作、项目实践、课堂研讨、在线学习，以及职业素质训练，学员能够从任务目标设定、个人时间管理、团队协作和沟通、冲突和情绪处理等方面，得到会计工作岗位所需职业素质训练。

2.培养学生团队协作

在授课过程中，学员将被划分为几个团队，每个团队将根据课程内容和教师安排，通过技术研讨、实际操作等手段，合作完成一个任务和项目。

3.提高学生动手能力

为使学员知识面和思路有所扩展，鼓励学员自己动手，通过实际操作课程中的实验和进行项目演练，培养学员举一反三的能力，从而帮助学员掌握重点会计业务处理技术的应用，为日后完成更大的项目积累经验。

4.提高学生学习能力

通过项目训练、上机操作、在线学习和讨论，使学员养成自学习惯，并掌握自学的有效方法和工具。

第二节 会计教学形式的改革

一、培养能力驱动型人才是互联网教学形式改革的重点问题

在知识已取代劳动力成为经济发展战略性资源的当今社会，经营、管理、技术的创新和发展，有赖于高素质的人才。中职教育作为人才培养和学术研究的重要阵地，承担着知识生产、传递和转换的重大责任。如何适应知识经济的需要，培养高智商、高情商和高灵商的高素质会计人才，中职会计教育面临深层次、全方位的改革。

（一）能力素质是高素质人才培养的核心

所谓高素质会计人才，是指智商、情商和灵商"三商并举"的优秀人才。智商是成功

的前提，在意识上善于吸取"知识"、感悟"常识"，并能融会贯通，运用于实践，实现跨领域思考。情商一般包括自我觉察、自我表达、自我激励、自我控制等方面，具有一定的可塑性，环境和教育对一个人的情商有很重要的影响。灵商代表有正确的价值观与职业观，懂得包容，擅长沟通，既灵活应变，又能分辨是非，辨别真伪。情商决定智商的发挥，灵商的健康和完善是情商的源泉。

人才培养应包括知识、能力、素质这三个基本要素。我国中职教育经历了从重视知识传授到关注能力提高再到强调素质教育的过程，现在逐渐形成构建有知识、强能力、高素质三位一体的新型培养模式，这也是对教育本质的深刻认识。知识是人类认识世界与改造世界的智慧结晶，也是能力和素质的基础；能力是人们胜任某项任务的主观条件，是对知识的内化、转化、迁移、融合、拓展、创新水平和程度的高度概括，是知识和素质的外在表现；素质是指在自然禀赋的基础上，通过后天环境的影响以及主体参与教育活动和社会实践而形成的比较稳定的、符合群体化要求的素养和品质，素质的基本要素是知识和能力。我们认为，未来人才素质差别，不仅表现在专业知识上，更表现在人才的专业能力和职业能力上，其中创新能力居于重要地位。会计专业学生不仅要有宽厚的基础理论知识、扎实的专业技术知识，更要有较强的多层次的综合能力，这是衡量中职会计教育能否培养高素质人才的重要尺度。高素质必须强能力，强能力才能有知识，因此，能力素质是高素质人才培养的核心。评价一名合格的会计人才，不仅看他拥有多少会计知识，更要看他是否具备解决相关会计、财务、管理问题的综合能力。会计教育的目的在于帮助学生掌握这种能力，而不仅仅是学习、传承会计知识。中职会计教育应该培养社会需要的高素质会计人才，并在培养学生的专业能力、职业素质方面有所作为，变知识驱动型目标培养模式为能力驱动型目标培养模式。

（二）应用型人才的培养形式

对于中职院校来说，"后大众化"时期，会计专业培养目标主要是应用型人才，要解决的是大多数学生的就业问题，培养学生的就业竞争力，把职业优势、就业优势、创业优势作为特色追求。会计专业学生不仅仅要面对学习，还得面对就业、人际交往、经济、家庭等方面的问题，需要各种职业发展能力支持。个体不可能完全预见未来的职业取向或职业变化，为了自身的生存和发展，会计专业学生自身也需要掌握核心能力。这些能力可以概括为信息能力、表达能力、沟通能力、职业能力和创新能力。

1. 信息能力

信息能力是指个体有目的地搜集、鉴别、存储、利用信息过程中所具有的一种复合型技能，是信息时代人们赖以生存、学习、工作的必备条件，也是会计人才素质结构中最基本的能力要素，主要包括信息意识、信息技术、信息品质等方面的能力。

会计工作的重要性不仅仅在于反映经济形象、描述经济行为，更重要的是能在纷繁复杂的信息世界中，通过有效的方式，高效地查阅、提炼、组织有用的信息，解决问题。据有关资料统计，现代企业在管理上所需信息有 70% 来自会计部门。

2. 表达能力

表达能力是指个体有目的地运用语言、文字、图表准确阐明观点和意见、抒发情感的技能。表达能力的高低直接影响到每一个人的生产生活质量。表达能力成为会计专业学生必须具备的重要能力和基本素质，主要包括语言表达、文字表达、图表表达等方面的能力。准确的表达能力是培育有效沟通能力的前提。

3. 沟通能力

沟通能力是指个体在事实、情感、价值取向等方面有效地与人交流以求思想一致和信息通畅的社会能力，主要包括组织、授权、冲突处理、激励下属等方面的能力。沟通是不同主体之间信息的正确传递，沟通能力的培养和教育可以使一个人吸收与转化外界信息，理解和调节他人情绪，与他人合作，妥善处理内外关系。良好的沟通能够促进与他人和谐相处，创造性地解决好人际关系问题，是事业成功的重要条件。

会计作为国际通用的商业语言，企业利益主体的多元化，使会计工作处于内外错综复杂的关系中，只有在良好沟通下，才能提供准确、及时、有用的会计信息。

会计工作岗位既分工明确，又相互联系，从凭证填制到账簿登记，从成本核算到财产清查，直至会计报表的编制，各环节紧密相连、互相承接，需要各会计岗位人员通力配合、团结协作、共同完成，才能发挥会计信息的沟通效能。

4. 职业能力

职业能力是指具体从事某一职业所具备的能力，也是在真实工作环境下按照既定标准实现其职责的能力，主要由专业能力、关键能力（包括方法能力和社会能力）、职业价值观和态度三项能力构成。职业能力是指学生所掌握的通用的、可迁移的，适用于不同职业领域的关键能力，是以一种能干的、有效率的和恰当的态度履行高标准工作的才能体现。我们认为，职业能力是个体为胜任特定的专业岗位，将知识、技能和态度迁移与整合而形成的，能顺利完成职业任务所必备的专门技能，表象外显的是专业知识、技能，潜在内隐的有职业动机、偏好、态度、行为等要件，主要包括职业规划能力、职业判断能力、职业品质等内容。

会计具有很强的操作性，会计核算、财务报告编制以及内部控制制度设计等都需要有丰富的业务经验。在进行具体实务处理时有关会计处理程序的选取、会计估计的变更、会计信息化的运作、网络化传输等，都要有相当娴熟的职业技能。

5. 创新能力

创新能力是指由一定的知识、方法、思维、人格等共同构成并相互作用，能够产出和获得一定新技术、新经验或新思想的复杂能力。这种能力的发展有一个由低到高的过程，主要包括应用创新能力、集成创新和再创新能力以及原始创新能力等方面。创新能力是高素质会计人才培养的价值追求目标，其形成与教育方式、方法密切相关。

二、互联网时代会计教学模式的改革

互联网技术的发展为会计教学模式的深层次改革提供了平台和技术支撑，会计教育工作者要解决的问题是如何让互联网技术和会计的教学模式进行深度的融合，探索出互联网时代适用于中职院校会计教学的新模式。在互联网时代下实现会计教学模式深层次的改革必须实现以下五个方面的转变：

（一）教学主体学生化

传统的会计教学理念是以教师为中心，教师集制片、导演、演员为一身，学生是观众，在这种教学模式下，学生的地位是被动的，课堂气氛是沉闷的，压抑了学生的创造性思维，学生分析问题、解决问题的能力低下。尽管大多数教师能将计算机多媒体技术应用于会计教学，使会计教学的手段改变，但新的问题也随之出现，最典型的表现是由于教师课堂板书量的减少，课堂上讲述的内容以演示文稿的方式呈现，导致课堂教学的知识点和兴趣点转移。

互联网时代下，会计教学模式的改革首先要转变的就是教学主体。利用互联网技术可以让学生成为会计教学活动中的主体——教师是制片和导演，学生要从原来的观众要为演员，实现教学主体学生化。让基于知识传授的课堂教学方式转变为基于问题解决的课堂，即我们通常所说的翻转课堂的教学模式。具体的做法是，将会计教学中知识性的内容以微课的形式通过互联网课程平台发布，学生利用课余时间通过自己观看视频进行自主学习。每个学生可以根据自己对知识的掌握情况控制学习进度，没有学会可以反复学习，实现自主学习和个性化学习。课堂教学不再讲述知识性的内容，而是提出新的问题，让学生利用获得的知识去解决问题，通过解决问题的过程完成知识点的内化和提升。课堂教学的重点是帮助学生解决学习中遇到的困难和问题，教给学生解决问题的方法和思路。教师成为学习的引导者，以问题为导向的课堂教学模式可以促使学生去做更多的阅读和学习，这样才能解决问题。课堂教学主体的转变可以激发学生学习的兴趣，培养学生分析问题和解决问题的能力。

（二）课程资源的多样化

传统教学方式下，会计专业的教学资源主要是教材和习题。这些传统的教学资源是无法满足翻转课堂这种教学模式的。以学生为教学主体的翻转课堂教学模式不是用视频和网络资源代替书本，而是这些资源的融合，使会计的课堂教学模式呈现出立体化，线上课堂和线下课堂做到优势互补。要实现课堂的有效翻转必须做好课程资源的建设。课程资源建设是会计教学模式改革的基石，可以通过一些途径完成一系列现有资源的整合。国内的多数视频学习网站都有会计专业相关教学视频的免费资源，教师要能够充分利用这些教学资源，对这些资源进行甄别，筛选出适合教学对象的课程资源，推荐给学生在线下观看，并设计好学生要完成的任务以及需要思考的问题。同时，还要自行开发课程资源。由于每个学校办学特色不同，现成的课程资源并不能完全满足教学需要，还必须组织课程的主讲教师针对自己教学对象的特点，开发建设有针对性的课程资源。对传统纸质教材和习题资源进行修改，使之符合新的会计教学模式的需要。在这种教学模式下，课程的资源将呈现出多样化的趋势，纸质的教材、习题，微课视频，动态开放的慕课资源都将成为课程资源，离开课程资源建设，翻转课堂模式就没有实施的基础。

（三）教学控制全程化

传统的课堂教学，教师能控制的仅仅是课堂的 45 分钟，课后学生做什么，教师没有办法控制和实施有效的管理。有人也会提出质疑，辛辛苦苦开发的课程资源通过互联网课程平台发布后，学生不看怎么办？如果学生不能自觉地在线下完成自主学习，翻转课堂的教学模式就无法实现，相当于导演让演员回家背台词，演员根本没背，戏就拍不下去。不能有效地解决这个问题，翻转课堂就是空谈。那么如何解决这个问题呢？可以利用互联网的云技术，创建云班级，云班级以教师在云端创建的班群和班课空间为基础，为学生提供移动设备上的课程订阅、消息推送、作业、课件、视频和资料服务。云班级为教师和学生提供基于移动交互式数字教材的教学互动支持，教师在数字教材中标注阅读要求和学习要点，学生在数字教材学习时可以查看教师的批注，也可以在同学间分享笔记。教师可以查询学生的学习进度和学习记录，学生本学期学习进度和学习成效都能在手机的 App 里一目了然。到了期末，谁能得高分，谁会被判不及格，就都有了依据。学期末教师可以得到每个学生的学习评估报告，实现对每个学生的学习进度跟踪和学习成效评价，也激发了学生利用手机进行自主学习的兴趣。云班级最大的优势在于可以发布丰富的教学资源。这些资源可以自行设计开发，也可以共享网络中的资源。它并不只是一个类似简单的手机 App，通过对数字资源的不断开发，未来云班级将是一个取之不尽用之不竭的资源库和实现教学全过程管理的有效工具。有了这样一个互联网平台，学生的手机将成为学习的工具，而不再只是悄悄地低头在课桌底下用手机聊天。玩游戏，教师手中的手机也将成为教学管理、课程建设的有力工具，这些智能化的电子设备才能实现其真正的价值。

（四）学习情境混合化

在互联网时代，学习情境将呈现出混合化趋势。学习的空间既有线上的课堂学习，又有线下的自主学习。互联网技术的深入发展和智能化电子产品的广泛应用，使学生的学习方式变成移动式和碎片化。只要有网络，学生就可以利用智能手机在任何时间任何地点进行学习，提高时间的使用效率，学习的方式更加自由和多元化，文字的课本、发布的视频、网络上的资源，都可以利用。在同一个课堂上，有的学生可能在相互讨论，有的可能自己看视频，有的学生可能在静静地看教材上相关习题的讲解，用何种方式获取知识完全取决于学生自己的喜好。但无论用什么方式，要达到的目标是一致的。这种学习情境的改变满足了学生个性化学习的需要，对激发学生的创造力，培养学生的创新思维将大有裨益。

（五）考核评价多元化

目前，学校会计专业大部分课程仍采用传统考核方式，即课程的"平时成绩＋期末闭卷成绩"的考核形式，考核的内容主要是课堂和教材的知识，无法对学生职业能力进行评价。这种评价的方式的实质是结论性评价，通俗讲叫作一考定终身。其最大的弊端是考试时间有限，考试范围固定，以考核知识为主，无法对学生能力进行评价，导致学生平时不用功，期末考试前进行突击复习，学生考前死记考试范围，评卷教师在评判成绩时容易参与较多个人情感，难以真实反馈教师授课水平和学生掌握知识的程度。这种考核评价机制无法适应中职应用型人才培养目标的要求。根据会计专业课程的特点，借助互联网的课程平台，建立一个科学合理的考核评价体系是会计教学模式改革的当务之急。课程考核评价的方式应该从结论性考核向过程性考核转变，评价主体从以教师为主的单一主体向多元化主体转变，可以是计算机考试系统的在线评价，可以是教师的评价，也可以是学生之间的相互评价。考核评价的范围包括对整个课程教学中学生的学习态度、学习表现、能力发展等多个方面的评价，把学习过程和学习成果都纳入考核范围。考核评价不是为了难倒考倒学生，而是找出每个学生在学习过程中在哪些方面做得比较好，哪些方面还存在何种问题，学生应该如何解决，对学生的学习过程给出指导。学生不会因为自己还有不满意的习题而难受，因为可以在后面的学习中通过个人努力进行弥补。这种考核方式能够调动学生的主动性、积极性，使学习过程变得更加有趣、更加个性化，有利于促进学生能力的发展，也有利于更加全面地评价学生的综合能力。

（六）教学模式现代化

互联网技术和移动互联网技术的推广不仅是信息技术的革命，更是会计教学模式改革的引线。促进会计教学模式的深化改革，在会计教学模式改革的探索与实践中还要注意以下问题，才能避免会计教学模式的改革走进误区。

1. 要实现对"翻转课堂"的有效管理

在会计教学模式的改革实践中，不能把翻转课堂简单地理解成让学生在课前通过观看微课视频自己学习，课堂上老师进行答疑解惑。如果只是简单地看视频，那么，翻转课堂就和传统教学中的课前预习没有什么区别。在翻转课堂中，教师要成为学习的引导者，不再是"授之以鱼"，而是"授之以渔"，必须更加注重学生学习能力的培养。所以对翻转课堂做好课前、课中和课后的整理就显得非常必要。

课前精心设计学习任务单，及时发布课程资源，任务单中要明确学生线下学习应完成的具体任务，完成任务后要解决什么样的问题，学习中遇到困难应该如何解决，完成任务后会得到什么奖励，不完成任务会有什么样的处罚，这样学生线下学习才能目的明确。同时，还要注意课程资源的发布必须及时，让学生有足够的时间完成任务。课中要设计针对性的案例，对学生自主学习获得的知识进行内化，线上课堂的案例或问题的设计必须有针对性和可行性。在老师的指导下，利用学生自己的知识积累能够解决该问题，目的是促进学生在解决问题的过程中实现对所学知识的内化，让学生能够通过这些问题和案例建立起自己的知识结构。

课后要设计综合性案例，实现知识迁移。学生获得知识的目的是为了提高自己独立解决问题的能力，综合性案例的设计就是为了要培养学生独立分析问题、解决问题的能力。利用大数据分析的结果，辅助公司决策，以提高自身的竞争力。客户分群、客户行为分析、客户关系管理、市场营销、广告投放等企业核心业务越来越依赖于对大数据的有效分析。如何从海量业务数据中挖掘存在价值的信息和知识，从而指导商业运营与决策、提高企业运营效率和盈利能力，这也成为每个企业都将面临的重要挑战。由于会计专业与社会需求紧密结合，会计专业的人才培养具有明显的应用型导向，强调学生的实践和应用能力，为了适应市场对人才需求的变化，培养学生知识的迁移。

2.要实现对知识体系的建构

在会计教学模式改革中，为了提高学生的注意力，将学生课前自学的内容，以微课的形式在课程平台中发布，它的优点是解决学生注意力不能长时间集中的问题，但是也出现了学生获得的知识是碎片化的、零散的。如何把这些零散的碎片化的知识点串联起来，将这些零散的知识点进行复原，按照会计学科的知识结构，构建完整的知识体系，是教师在课堂教学中要完成的首要内容。可以使用思维导图或知识结构图来实现会计学科知识体系的还原。

互联网时代下，会计教学模式的改革是一项长期的系统工程，在具体的实施过程中可能会遇到新的问题，需要广大的会计教育工作者，不断探索，不断总结，找到适合会计教学的新方式。

第三节 会计教学资源的改革

一、会计专业教学资源信息化存在的问题

（一）会计专业教学资源信息网络化跟不上硬件的发展

会计专业教学资源建设与硬件建设均衡发展，已成为会计专业发展中亟待解决的问题之一。在会计专业发展史上，受传统思想的影响，一直都存在重硬件轻软件的问题，自计算机为核心的信息技术兴起，会计教育信息化成为世人瞩目的焦点，基础设施建设初见成效。可以说，硬件建设已取得了一定的成绩，但软件建设却没有跟上硬件建设的步伐，使"教学资源匮乏"成为开展会计专业教学的瓶颈。在会计专业建设和理论研究过程中，教学资源信息网络化与硬件均衡发展已成为学科建设的重要任务，均衡发展是会计专业发展的方向。

（二）网上现有的会计专业教学资源缺乏精细的组织、目标、原则及方法

纵观当前会计专业教学资源建设的现状，不难发现：人们往往注重单一课程的教学资源开发，而忽视了全面建设本专业教学资源的工作；缺乏精细的组织、目标、原则及方法，导致会计专业资源整合不足，未能形成理想的网上教学环境，使学生在学习时"见木不见林"；不能为学生提供一个不断实践、应用会计专业技术的舞台，就不能满足学生对会计

专业信息技术的向往、求知，学生旺盛的精力、强烈的好奇心和求知欲未能得到及时有效的正确引导。

（三）专业领域信息网络化教学资源形式单一

当前，会计专业教学资源主体仍是文本类信息居多，罗列会计专业教学重点多，针对学习过程的指导少；教学资料静态的比较多，而交互式的多媒体教学软件比较少，缺乏会计专业教学内容之间的有机联系与链接，交互功能不足，而且专业和课程特色不够突出，专业的教学资源建设跟不上，有些课程有文字教材或音像教材，但网上教学资源的建设滞后。

（四）重复建设情况时有发生

在各学校会计专业开展的教学资源建设中，重复建设的课程和资源比较多，共享程度差，造成了严重的资源浪费。

（五）教学资源建设完成投入使用，缺乏质量跟踪和信息反馈

教学资源建设人员对跟踪调查和信息反馈缺乏专业化的运作方式，难以发现客观上存在的问题。学习效果的反馈和信息网络化教学质量评价等环节有所欠缺，学生和教师对网上学习的效果心中无数，存在所谓"见花不见果"的现象。

二、会计学科网络教学资源的建设策略

当前，学校信息化建设正在朝着"数字化校园"的目标迈进。实现数字化校园，网络建设是基础，资源建设是核心。因此，网络教学资源建设已成为当前学校信息化建设的重要内容和任务之一。近年来，很多学校都组织开发了网络课程和学科网站等教学资源，并在现代化教学中推广应用，成为网络教学资源建设的主要内容和载体。网络教学资源建设将常规教学资源与网络信息技术进行有机整合，以达到激发学生自主学习兴趣和教师辅助教学的双重作用，是实现教育信息化的重要手段。

会计学科网络教学资源是指基于网络的会计专业教学材料，即基于互联网运行的会计学科信息化教学资源。作为一门热门学科，尤其是实践性和应用性特征明显的学科，会计与计算机和网络的关系十分密切。随着计算机和网络技术的迅速发展，计算机和网络在会计工作中的应用范围也在不断扩大，作用也在不断提升。时至今日，计算机应用于会计领域已从最初的单个功能模块发展到集会计核算、会计管理以及预测与决策等功能于一体的综合性软件系统，并实现了网络化管理。与会计学科的发展动态和教育信息化发展趋势相适应，会计学科专业教学中的网络资源使用也十分普遍。会计专业精品课程、网络课程、

会计学科专业网站等，大大丰富了会计学科的教学资源，增强了学生的学习自主性，提升了教学效果。然而，毋庸置疑，当前学校会计学科网络教学资源建设也还存在一些问题，需要加以关注和解决。

（一）会计学科网络教学资源建设的意义和作用

首先，网络教学资源的使用使会计学科专业教学形式和内容得以丰富。网络教学资源的首要特征是丰富性。会计网络教学资源将大量教学资源以网络的形式展现，改变了传统"纸质教案＋多媒体课件"的教学资源匮乏的状况，使学习者可以更多地浏览、观看、下载各种专业教学课件、视频和图文资料，教学形式多样化。另外，网络教学资源及时地将最新的信息以最便捷的途径呈现在使用者面前，使会计专业学生迅速获得最新、最前沿的专业信息资源，使会计专业课堂内容不再局限于已出版的教材之上，而是将教师和学生的目光转向对界内最新知识和技能的了解和学习，教学内容大大丰富且更具有前瞻性。

其次，会计学科网络教学资源建设和使用使学生学习的自主性得以增强。中职教育的改革目标之一是培养学生自主性学习习惯，即促使学生从"应付学习任务"向"怀有愉快期望主动学习"转变。网络是当前学生最感兴趣的媒介，通过网络教学资源的使用激发学生探究专业知识的欲望，通过网上讨论培养学生思考的习惯，通过形式多样的互动式教学使教师和学生都摆脱了传统的填鸭式课堂教学模式，强化了师生之间的互动，刺激了双方的主观能动性，使学生学习的自主性得以增强。

最后，会计专业网络教学资源的使用使学生的专业技能得以增强。会计是一门应用性很强的学科，单纯的课堂学习仅从理论上解决了专业知识的讲授，对学生实践知识的运用却未能很好地予以指导。网络教学资源的建设可以有针对性地强化学生对会计知识的实践应用，通过"实践指导"模块的丰富和讨论模拟企业实际会计工作环境，增强学生的专业技能。

（二）会计学科网络教学资源的不足

1.网络教学资源"静"多"动"少

在学校信息化建设的大环境下，很多财经学校的会计学科网络教学资源都得以快速地开发、建设和使用。但是，从网络教学资源提供的情况看，现有会计学科网络教学资源中大部分仍是文本教学材料（课程简介、教学大纲、教学课件、重点与难点、课后练习题等）为主，很多内容是教材或授课的简单重复，且以静态的形式呈现。而教学是一个动态的过程，是学习者提出问题、得以解决、再产生疑惑和再次解惑的不断循环的过程。静态的信息可以满足会计专业学生对学习的基本需求，但无法满足他们在学习过程中产生的个性化学习需求。当前"动"少"静"多的会计学科网络教学资源使得其不能为学生提供及时的学校自主学习支持服务。

2. 网络教学资源建设偏于"各自为战"，未能有效整合

当前，中职教育会计学科的很多主干课程诸如基础会计、财务会计、财务管理等都是校级、省级甚至国家级精品课程，精品课程网络验收模式推动了其网站建设并对学生开放，充实了会计专业教学资源。但是，精品课程网站建设更偏重于展示而忽略与学习者的互动。很多学校开设的网络课程由于更具有互动平台，从一定程度上弥补了精品课程资源的不足，但这些网络课程的开发一般是由任课教师自行组织，教师各自为战的情况比较明显，加之网络课程偏少，使得网络课程之间、网络课程与精品课程之间未能有效整合，缺乏协调性和统一性。

3. 网络教学资源整体设计水平有待提高

由于经费的限制和会计学科的专业性要求，当前会计学科网络教学资源建设的主体绝大部分是专业教师或教师团队，这些会计学科专业教师或是以精品课程为契机，或是以网络课程建设为着眼点，进行网络教学资源的开发和建设。这些专业教师具备丰富的专业知识，但对互联网、信息化建设、人机界面构建等方面知识还存在一定欠缺，导致其开发的网络教学资源的整体设计水平不高，影响其使用效果。

4. 网络教学资源所提供的便捷下载可能导致教学分析能力下降

众所周知，会计学科网络教学资源信息量丰富，相关课程的教案、课件、习题等静态资料充盈，下载便捷，这从一定程度上缓解了教师对教案等的重新编写工作。然而，正是这些便捷的网络资源可能助长了一批教师的教学"惰性"。教案不用编写，课件不必制作，习题不再新出，很多教师"拿来主义"思想严重，在教学准备过程中"偷懒"，不再根据课程特色、学生特点和自身情况设计教学模式和思路。比较严重的，连最简单的修改都不做，直接从网上下载他人教案和课件在课堂上使用，影响教学质量和效果。长此以往，教师的整体教学能力和教学效果堪忧。

5. 网络教学资源设计中忽略对学生学习过程的监控

会计学科网络教学资源建设的最终目标是为了向学生提供形式丰富的学习资源，让学生坚持学习并取得良好的学习效果。为达到这一目标，不仅需要在各专业网络课程建设中添加形式多样的学习内容，同时还应注意设计相应教学环节安排学生充分利用网络资源开展学习任务。当前很多网络课程中对于学时安排、学习方法介绍等大多是基于传统经验，没能根据网络环境的特点进行系统和有针对性的设计，也有很多网络课程强调了学生的讨

论、互动，但因网络教学资源使用的发散性和对学生学习过程的监控不力，影响会计学科网络教学资源的最终使用效果。

（三）会计学科网络教学资源的建设策略

1. 以目标为导向构建会计学科网络教学资源体系，整合现有资源

逐步建设和完善当前的会计学科网络教学资源比较分散，大多处于教师自建、自管、自用的状态，缺乏整体规划。因此，网络教学资源建设的首要任务是确定教学目标，以目标为导向构建会计学科网络教学资源体系。将已有的精品课程、网络课程、学科网站等进行理顺和整合，专业主干课重复部分考虑调整和删减，而对于之前缺乏的专业选修课内容逐步进行增加和完善。同时，设置每位教师可根据自身特点和学生特征进行调整的特色模块，保障网络资源的共用和可循环再用。

2. 以精品课程为基础丰富网络教学内容，增加多种素材充实"动态"资源

随着中职教育系列实施的"质量工程"改革项目的启动，学校精品课程建设已达到一定的程度和水平。精品课程是集优质师资、高水平教材、先进教学理念和良好教学效果于一体的专业主干课程，最能体现会计学专业核心知识。会计学科网络教学资源建设应以现有的精品课程资源为基础，充实和丰富网络资源的教学内容。同时，为了补充精品课程资源的"静"多"动"少的不足，在会计学科网络教学整体资源库中，增加更多的专业课程的文本、图形、视频等素材，设置"讨论与互动"模块，充实动态资源。

3. 提高教师信息水平，变"拿来主义"为"拿来思想"

在信息化高速发展的当今社会，会计学科专业教师的信息化水平不仅直接决定了网络教学资源的建设水准，同时会影响到网络教学资源的使用效果。因此，有必要通过培训、进修和其他方式的学习，提升专业教师的信息化水平，从而提高网络教学资源建设水准。另外，在网络资源使用过程中，引导教师以现有网络提供教学资源为依据进行特色调整和开发，摒弃"拿来主义"，秉持"拿来思想"，以网络资源为手段提升教学水平和教学能力。

4. 增加互动和在线任务等教学环节设计，注重对学生学习过程的监控

为了发挥学生学习的自主性，建议在会计学科网络资源体系构建中添加形式多样的学生自主学习内容，运用"启发式"和"以问题或案例为切入点"的教学思想和教学方式，设计各种类型的学习任务并控制学生的学习过程。如通过发布通知、在线完成作业、在线期中考试、案例讨论、跟帖参与讨论等，对学生的学习进行必要的督促。同时，对于重点知识内容的学习还可以提出更高要求，如没有完成必要的学习任务就不能进行下一阶段的学习或不能完成学习过程等要求，以保证对学生自主学习的监督和控制。

二、基于互联网的会计教学资源库建设

基于互联网的会计专业教学资源库以区域经济发展转型及企业需求为依据，以技术更新为热点，打破行业、企业与职业教育的壁垒，形成职业教学与企业用人匹配、校企双主体育人的工学结合平台。基于互联网的会计专业教学资源库具有开放性、共享性、可扩展性、高可靠性，可以满足地区经济转型、产业升级对新技术和人力资源的需求，形成产业集聚，促进地区经济发展；可以满足学生、教师、社会人员对会计知识的需求，共享会计专业优质资源，缩小地区间会计职业教育水平及人才质量的差距。会计具有一定的共通性，基于互联网的会计专业教学资源库的建设必须涵盖共通的会计准则，在此基础上加入与本地区产业结构密切相关的如物流会计、旅游会计、农业会计、成本会计及管理会计等知识体系及实操案例，支持本地区产业转型升级，促进本地区经济发展。

（一）会计专业建设标准库

当前是国家经济转型的重要时期，逐步完成从传统制造业和服务业向先进制造业和现代服务业的升级。培养优秀技能型会计人才是中职教育的目标之一，需要调研区域经济、行业发展和企业需求，制定相应的会计专业人才培养目标及方案、课程建设标准等。

（二）会计职业信息库

会计职业的市场需求面广，电商企业、物流行业、生态农业、互联网＋制造业、商业、餐饮业、旅游业、咨询服务业、金融行业等都需要会计人员。但不同行业对会计人员专业知识侧重点的要求不同，对会计职业资格的要求也不同。此外，会计从业人员还要了解与自身权益相关的知识和法律条例。会计职业信息库要包含不同行业、企业信息，相关产品的流程介绍、服务内容、会计岗位描述等。

（三）会计专业课程资源库

根据企业需求，参考技能型人才的发展规律和会计职业生涯发展需求，以会计从业能力—初级会计师能力—中级会计师能力—高级会计师能力为基准线，设置会计专业课程，如会计从业能力核心课程"会计基础""出纳实务"，初级会计师能力核心课程"财务会计实务""纳税实务""会计电算化"，中级会计师能力核心课程"中级会计实务""成本计算""财务管理"，高级会计师能力核心课程"审计""财务报表分析""高级会计实务""管理会计"，特色行业会计课程"物流会计""旅游会计""农业会计""金融会计"等，建立会计专业课程资源库。会计专业课程资源库包括精品课程、课件、名师讲

课等视频（中华会计网校教学视频等），核心课程电子教材，企业会计制度准则等。

（四）学习资源库

学习资源库为学习者提供自主学习素材，主要包括文本资料、图片信息、音频或视频文件、虚拟实训内容、职业资格技能训练，来自企业、行业一线的实际案例库，帮助学习者实现学习迁移。

（五）测评资源库

测评资源库主要包括专业知识题库、知识运用测试、职业判断测试、技能操作测试、毕业设计等。测试分别在学习开始前和结束后进行。企业可以根据测评结果选择所需的人才。会计课程组建系统具有学前评估监测系统，学习者利用它进行学前分析，教师通过后台评估监测系统准确了解学习者的学习情况，根据学情排列课程。会计虚拟教学系统和实训平台是将会计职业场景、岗位设置、岗位任务和操作角色结合起来的 3D 虚拟实训系统，具有仿真性、任务操作性和过程判断性，按照工作流程布置典型操作性任务，实现融职业认知、职业判断、业务处理、实务操作、评价反馈和教学管理于一体的实训教学功能。会计资源管理服务器系统是一种基于互联网的双向资源共享，类似于 MOOC 的教学模式。基于互联网，利用 Web 技术完成专业门户和课程门户订制，用户打开页面进行学习，并通过成果评价得到反馈信息。基于互联网的会计教学资源库最终实现知识共享、资源开放，面向社会服务于全民学习、终身学习。在会计专业教学资源库建设过程中，要建立长效机制。在论证、立项、建设、评估、验收及维护等环节明确资源库的专业性、实用性要求。具有计算机基础的会计专业人员是教学资源库建设的重要保证。要提高会计专业教学资源库的利用率，就要加快素材的开发与更新，融入现代教育技术，改变会计职业教育的管理方式、教学方式、学习方式及会计专业的建设方式。还要重点服务会计行业，重点建设工商登记服务案例（工商登记、公司变更、工商年检）、财税业务服务案例（代理记账、纳税申报、信息化实施与维护）、审计服务案例（验资、审计）、咨询服务案例（财务咨询、管理咨询、税务筹划）等。

第四节 会计教学方法的改革

一、互联网时代的会计教学方法改革的设想

（一）树立教学理念

教师在教学过程中应该树立"以学生为本"的观念，一切教学活动都应该以调动学生积极性和主动性为立足点，帮助学生学习和探究会计知识。总之，教师在教学过程中应该尊重学生的主体地位，提高学生的主动性和创造性，使学生积极参与到会计学习中来。

（二）改革课程设置

在"互联网+"时代的大背景下，教师应该根据会计发展的新领域和会计结构的新变化来设置相应课程。多媒体教学作为一种新型的教学模式出现在当今教育体系中，学生在课堂上可以通过互联网掌握和理解更多的会计知识，也可以通过互联网了解更多的会计实例，让学生逐渐提高会计的实际操作能力，加强对基础会计的模拟实践，积累学习经验，这样有助于学生对会计工作的环境和过程有一个直观的认识。同时，改革课程设置，可以使学生通过现代信息技术提高自身的积极性和创造性，使课堂气氛更加活跃，从而提高会计教学的整体水平。

二、互联网时代会计教学方法的利用手段

（一）案例教学

案例教学是对传统教学模式的补充，使学生在学习会计理论知识的同时，通过剖析案例，将学到的理论知识运用到实际生活中，以提高会计分析能力。随着教育体系的不断完善，为适应教学改革的需要，案例教学也应该逐渐被重视起来。

互联网时代，会计教学方法是会计教育改革的重要组成。在新时期，各类教学手法是对教学改革的启发和总结，案例教学法的主要教学目的是提高学生对知识理论理智性的理解及应用能力，提高和培养学生的评论性、分析性、推理性的思维和概括能力、辩论能力，以及说服力方面的能力和自信心。案例教学法能够使学生认知经验、共享经验，能够促进

学生扩大社会认知面以及激发学生解决一些社会问题的愿望和相关能力。此外，案例教学也利于培养和发展学生的自学能力和自主性思维习惯。

所有的教学方法目的都是让学生学到知识，传统教学方式的讲课方法一般是通过演绎推理来传授知识。其逻辑起点是较正式地阐明概念结构和理论，然后用例子和问题来论证，教师授课辅之以阅读、音像、练习和习题等有效方法传递具体事实、原则、系统技术。在会计教学中，授课的意义受到极大的限制。因为对于资历较浅，尚处于成长期的会计专业学生来说，事实、原则和技术只是他们应该掌握的知识的一个次要部分。许多学生在复杂多变的环境中工作，必须在不具备可靠的完备信息的前提下，做出判断并采取行动。如果只会查阅有关原则、理论和事实的记录而不能做出判断，就不能出色地完成学业和工作。事实上，学生的知识水平在很大程度上并不能决定成败，决定成败的是到底怎样思考、怎样判断和怎样行动，在提升思维能力方面，更积极的教学法，尤其是案例教学必以学生为中心、老师及时发问的授课型教学法更加有效。

案例教学通过对具体事件的分析来促进学习，最突出的优点是学生在学习过程中扮演了更为积极主动的角色。这种方式从归纳的角度而不是从演绎的角度展开某一专题的学习，学习过程中让学生高度投入事先安排好的一系列精巧设计的案例讨论之中，从而达到教学目的。

案例一般描述的是现实的财务管理经验或某种假想的情形，是案例学习的基本要素。财务管理案例表现为多种形式，大多数都用归纳方法进行教学，或是情况诊断，或是决策研究，或是二者结合。诊断的案例又叫评价案例，描述了会计从业人员的成功与失败，学生可以了解系统特征与决策结果之间的因果联系。描写管理成功的案例，可称作"解剖学"式案例；描述失败的案例可看作是"病理学"案例。把一系列案例组织起来教学，能帮助学生理解什么时候特定的管理抉择和管理风格是有效的。

另外一种通行的管理案例是决策案例，能使学生身临其境地像管理决策者一样进行思考。这类案例经常提的问题是应该做什么。与现实决策相似的是，这些案例提供的决策相关信息也不完备和不完全可靠，因而不能单单通过系统规范的分析技术来得到答案。许多案例把诊断和决策联系起来，要求学生不但要分析情况，还要给出行动方案。

案例教学的另一基本要素是要采用苏格拉底式的循循善诱的教学风格，给学生分析问题的机会和分析案例的责任感并对其观点进行评论。案例教学中，教师的角色是促进讨论而不是写正确答案，即使学生有正确答案，也不应轻易表态。

（二）互联网教学

互联网时代教学是声音、文字、图像的结合，它避免了传统教学的弊端。互联网教学是利用现代信息技术，将多媒体运用到教学领域的一种教学方法。在整个教学过程中，学生可以学到书本外的知识，也可以使学生发挥自身个性，提高学习效率。教师利用互联网教学可以缩短教学时间，提高教学质量。因此，互联网教学可以提高现代化教学的效率，使教师和学生都从互联网教学中受益匪浅。随着多媒体技术的不断发展，在"互联网+"时代，通过会计教学改革，可以为社会培养出大批会计实用型人才。教师应该与时俱进，推进互联网会计教学改革，适应当前经济体制和教育体系的改革需要，为我国新时代会计领域培养更多的优秀人才。

三、互联网时代会计教学方法的其他变革

（一）交互式会计教学情景设计探索

会计教学情景是互联网时代会计教学的新方法，但是，会计情景模拟实验教学有物质情景是不够的，还需要表演情境、语言情境等情景设计，让学生产生心灵共振。这就需要广泛借助社会力量将会计生活化、情景化、剧本化，让学生扮演各种会计角色，尝试会计职业发展轨迹和会计人生的酸甜苦辣。

1. 会计业务融入情景剧济

会计情景实验教学实施的关键在于布置高仿真的工作场景，并设计合理的会计教学情景。这就需要将会计业务生活化，将具体会计业务的处理嵌入情景剧本中，采用会计职业含义更加丰富的"学习情境"搭建教学单元，提升学生的职业能力，结合实践，探索出一本理论联系实际，提高学生动手、动脑能力的教学剧本。显然，互联网技术将是会计剧本设计最重要的手段之一，可以实现区域内企事业单位联网贡献设计复杂的业务内容，让企业更好地承担社会责任和享受"免费"午餐，即让企业主动将财务难题、会计疑问作为情景贡献出来，并得到区域"会计云平台"的支持，这样可以实现模拟生动的情景，也会充分发挥学生创新能力和应用能力，实现校企合作共赢的目标。当然，根据会计职业的特点，还需要加入职业道德教育的内容，让学生领会到会计职业道德的真谛。

2. 角色与人物的情景构思

会计情景剧本是一个生动、引人入胜的会计业务的缩影，可以是会计人才培养的蓝本。当然，有了剧本，就需要演员去扮演角色和体会任务，并组织实施实验教学情景。这就需要互联网的互动思维，让每个学生演对手戏，因为企业会计业务是交易型业务，每笔经济

业务的发生涉及多方，这就需要学生站在各自的会计主体去体验会计业务的处理。同时，"互联网＋"可以让人物生动化，这里的虚拟人物可以聘用企事业单位的在职会计人物来串演一部分角色，让职业感悟能力通过"会计云平台"去培养学生的职业应用能力。

（二）"互联网＋"与会计游戏

从以上可以知道，会计情景实验教学具有多功能的特点，是一项极其复杂的教学任务。"互联网＋"给其带来巨大的发展空间，可以使枯燥的会计教学变得像玩一场会计游戏一样。会计情景实验教学可以借助互联网技术使"单体教学"变成"立体教学"，让会计虚拟情景平台具备智能功能，为教学提供诸多方便。在会计游戏中充分让学生体验到会计职业成长的过程，记录每一次会计人生的经历，而这些信息也将会为人才培养提供更多的定量分析的大数据，促使个性化人才的培养。

（三）问题探究式教学

问题探究式教学是指教师或教师引导学生提出问题，在教师组织和指导下，通过学生比较独立的探究和研究活动，探求问题的答案而获得知识的方法。这种方法为教师在互联网时代发挥教学中的引导、指导作用提供了很大帮助。教师可以利用网上论坛中热点问题引出教学相关问题，组织学生利用互联网、网络资源库等工具进行答案的搜索，并利用各种互动工具进行学生间、教师与学生间的线上、线下讨论、互动、指导，最终探求正确答案并获得理论知识。问题探究式教学使得学生自主学习能力更强，学习主动性增强，学生在这个过程中学到了如何去获取知识、应用知识和解决问题的方法。

（四）项目教学

项目教学是指在教师的指导下，将一个实用性强、相对独立的项目提供给学生自己完成，学生通过信息的收集，对项目进行评估、设计、实施、评价，最终完成项目并获得知识、能力的教学方法。互联网大会计时代下，我们的会计技术将得到快速发展，会计的职能将发生转化，从传统的提供、处理会计信息转向会计信息的使用、分析、参与决策，事前预测、事中控制的职能逐渐显现。这就要求我们学习、掌握互联网应用技术，应用大数据、云计算等新手段，借助信息新工具，更高效地履行会计的预测、计划、决策、控制、分析、监督等职能。而项目教学将会更好地帮助我们适应互联网所带来的信息技术新挑战。项目教学将以企业具体项目对学生提出相应的任务，借助信息工具，完成项目要求。通过项目教学，学生学习更有目的性、主动性、积极性，学习的内容与实际企业更加接近，随着各个项目的完成，学生成就感更强烈的同时完成了相关理论内容的学习。

（五）利用信息化教学资源教学

信息化教学资源是指经过数字化处理，可以在多媒体计算机上或网络环境下运行的课件、学习工具、教学网站等。利用信息化教学资源进行教学顺应了互联网时代的需求，为教师的教学和学生的学习提供了有力的保障。这种教学方法有着其他教学方法无法比拟的优势，为培养互联网时代的会计人才发挥着重要的作用。教师可以利用课件、图表、动画等演示工具为学生提供更加形象、生动的音频、视频教学内容；可以利用邮箱、QQ、论坛等交流工具与学生进行互动、交流；可以利用练习、测试软件、实训平台等辅导工具让学生在练习和测验中巩固、熟悉所学的知识；利用移动学习软件等评价工具对学生成绩进行更全面、综合的评价。

（六）尝试跨专业教学

跨专业教学是指在教师的指导下，不同专业的学生在一个模拟的工作环境中，通过信息的搜索、传递、处理、分析，最终完成不同岗位工作任务并获得知识、能力的教学方法。互联网为会计跨专业教学提供了技术支撑。跨专业教学把会计问题放在一个更为宏观的各专业教学的视野下加以审视，解决了学生的思维整合问题。通过跨专业教学，可以使学生的整合思维能力得到发展，可以消除教师只关心自己本专业教学的心理，可以解决学生体验知识的需求。例如，某些学校跨专业综合实训课程的开设、跨专业综合实训软件的应用都大大开阔了学生的知识面，增加了学生的学习兴趣，激发其上进心，不仅能够提高学生对会计专业知识的认识，更重要的是增加学生对各专业知识的体验。

互联网时代，我们的会计教学方法终将发生变革。教师在会计教学中可以选择问题探究式教学、项目教学、利用信息化教学资源教学、尝试跨专业教学、过程性考核教学等方法，这些方法可以进行优化组合和综合运用。无论选择哪种方法，我们都要充分考虑教学内容的特点和学生的特点，充分关注学生的参与度，充分发挥学生的主动性，逐步实现教师的"主导地位"转向"指导地位"，学生的"被动学习"转向"主动学习"。

参考文献

[1] 危英. 互联网时代会计教学改革的创新策略研究 [M]. 成都：电子科技大学出社，2017.

[2] 严水荷. 中职会计策论 [M]. 杭州：浙江大学出版社，2017.

[3] 谢芬芬，林丽娜. 财务会计：中职部分 [M]. 北京：经济科学出版社，2017.

[4] 石旭海，张惠梅，夏昌平. 中职中专会计专业营改增系列教材·新编税收基础 [M]，北京：科学出版社. 2017.

[5] 张华，孙红主. 会计基本技能 [M]. 天津：天津科学技术出版社，2018.

[6] 常虹，王翠英. 会计手工记账实训教程 [M]. 石家庄：河北科学技术出版社，2018.

[7] 罗惠玉，程文莉. 会计教育教学改革与创新探索 [M]. 北京：经济科学出版社，2018.

[8] 张成武. 会计基本技能：中职 [M]. 上海：立信会计出版社. 2019.

[9] 罗绍明. 中职中专会计专业"营改增"系列教材 财务会计：第 3 版 [M]. 北京：科学出版社，2019.

[10] 颜玉玲. 基础会计 [M]. 天津：天津科学技术出版社，2019.

[11] 颉茂华. 财务会计教学案例研究 [M]. 北京：企业管理出版社，2019.

[12] 丁皓庆，冀玉玲，安存红. 现代信息技术与会计教学研究 [M]. 北京：经济日报出版社，2019.

[13] 申仁柏. 互联网＋对现代会计教学改革的影响研究 [M]. 长春：吉林大学出版社，2019.

[14] 朱小云. 会计教学案例分析 [M]. 北京：经济管理出版社，2019.

[15] 李新霞. 财经法规与会计职业道德 [M]. 北京：机械工业出版社，2020.

[16] 罗绍明. 基础会计 [M]. 北京：科学出版社. 2020.

[17] 佛山市南海区信息技术学校. 会计基础知识与技能 [M]. 北京：中国轻工业出版社，2020.

[18] 李辉，程晓鹤，张文惠. 会计账务处理操作教程 [M]. 苏州：苏州大学出版社，2020.

[19] 范时云. 会计电算化应用能力训练 [M]. 成都：西南财经大学出版社，2021.

[20] 周铭梨，鲁欢欢. 会计信息化：小企业会计准则 [M]. 杭州：浙江工商大学出版社，2021.

[21] 朱晓凤. 成本会计应用能力训练 [M]. 成都：西南财经大学出版社，2021.